Malgorzata Daniel

Große Freude mit Kleingärten

Malgorzata Daniel

Große Freude mit Kleingärten

Gedanken, Anregungen und Tipps aus dem Tagebuch einer Kleingärtnerin

Bloggingbooks

Impressum / Imprint
Bibliografische Information der Deutschen Nationalbibliothek: Die Deutsche Nationalbibliothek verzeichnet diese Publikation in der Deutschen Nationalbibliografie; detaillierte bibliografische Daten sind im Internet über http://dnb.d-nb.de abrufbar.

Bibliographic information published by the Deutsche Nationalbibliothek: The Deutsche Nationalbibliothek lists this publication in the Deutsche Nationalbibliografie; detailed bibliographic data are available in the Internet at http://dnb.d-nb.de.

Coverbild / Cover image: www.ingimage.com

Verlag / Publisher:
Bloggingbooks
ist ein Imprint der / is a trademark of
AV Akademikerverlag GmbH & Co. KG
Heinrich-Böcking-Str. 6-8, 66121 Saarbrücken, Deutschland / Germany
Email: info@bloggingbooks.de

Herstellung: siehe letzte Seite /
Printed at: see last page
ISBN: 978-3-8417-7067-7

Vorwort

Hätte mir im Jahr 2006 jemand gesagt, wie viele Menschen heute meinen Blog zur Website www.kleingaertnerin.de lesen, und dass es sogar mal als Buch rauskommen würde, hätte ich mich bestimmt nicht getraut überhaupt damit anzufangen. Nicht dass es mir an Ideen oder Themen gemangelt hätte. Als gebürtige Polin hat mir die deutsche Grammatik und Rechtschreibung Angst gemacht. Hätte ich nicht die andauernde Unterstützung meines lieben Freundes Martin, der meine Texte immer gegenliest und korrigiert, würden Sie das Buch heute nicht in der Hand halten.

Die Themen, über die ich schreibe, kommen direkt aus dem Gartenalltag. Ob ich mich über die Schnecken ärgere oder über eine gute Ernte freue, es sind die alltäglichen Dinge die einen Hobbygärtner bewegen.
Die Natur um uns herum ist ebenso ein wichtiges Thema. Wir sind nicht alleine in unseren Gärten. Alles was wir machen hat einen Einfluss auf unsere Mitbewohner. Wir tragen die Verantwortung für das kleine Stückchen Erde, das uns überlassen ist, und sollten versuchen das Beste daraus zu machen.

Ich wünsche Ihnen viel Spaß beim Lesen. Über alles, was in einem Garten so passiert…

- **Frühling**

29 April 2006

Mein Garten hat sich für den Frühling entschieden. Es war keine leichte Entscheidung, denn bei ca. 10 Grad, bedeckt und zeitweise Regen war der Tag besonders ungemütlich. Mein Garten ist aber ein Optimist, genauso wie ich. Also dann, morgen wird das Wetter bestimmt besser.

- **Alles Gelb**

01 Mai 2006

In Kiel sind die Grünflächen gelb geworden. Nein, nein, nicht aus Trockenheit. Die Stadt bereitet sich auf die Entente Florale vor. Letztes Jahr haben wir im Bundeswettbewerb die Goldmedaille gewonnen, jetzt hoffen wir auch gegen das restliche Europa zu gewinnen. Vorletztes Jahr wurden Millionen Blumenzwiebeln gepflanzt und jetzt blühen überall die Narzissen, in ein paar Tagen öffnen sich die Tulpen. Dann wird es bunt.

- **Tag der Arbeit**

01 Mai 2006

Den Tag der Arbeit habe ich mit Arbeit gefeiert. Natürlich Gartenarbeit. Ganze 7 Stunden!!! Unter anderem habe ich Spinat ausgesät. Nichts besonderes, könnte man sagen. Ich versuche mit dem Spinat seit ich den Garten habe, bisher habe ich nie mehr als 5 Gramm Spinat auf einmal geerntet. Ich habe es schon mit allen möglichen Sorten versucht, an verschiedenen Stellen, zu verschiedenen Jahreszeiten, bisher ohne Erfolg. Aber diesmal klappt es bestimmt! Das weiß ich genau, und wenn nicht, dann versuche ich wieder mal! Ich bin doch Optimistin.

- **Samentüten**

04 Mai 2006

Vor ein paar Tagen, als es bei uns noch richtig kalt war, habe ich mir überlegt, dass es die richtige Zeit wäre um die Zinnien auszusäen. Ich habe noch eine Tüte vom Vorvorjahr gefunden und leider festgestellt dass das MHD im Januar 2006 abgelaufen ist. Einige Samen waren noch drin, na ja, Saat ist doch keine Bratwurst,

wird nicht so schnell schlecht. Dabei habe ich mir die Beschriftung auf der Tüte durchgelesen und eine Bezeichnung ist mir besonders aufgefallen: abgefüllt: Wirtschaftsjahr 2002/2003. Was heißt das denn? Die Zinnie ist einjährig, also wenn sie im Jahre 2002 ausgesät wurde, hatte sie im gleichen Jahr die Samen produziert, oder ist das alles erst ein Jahr später passiert? Oder vielleicht schon im Jahre 2001 aber die Tüte wurde erst im Jahr 2002/2003 abgefüllt. Nicht dass es so wichtig wäre, trotzdem wurde ich gern wissen, aus welchem Jahr die Samen sind.
Das ist aber nicht die einzige ungenaue Information. Z.B. die Zeitangabe für das Auspflanzen: nach den Frösten. Da frage ich mich, sind die Dauerfröste im Februar gemeint, oder die Bodenfröste manchmal im April? Da ich mittlerweile eine erfahrene Kleingärtnerin bin, weiß ich was gemeint ist. Was tut aber ein Neuling? Der bringt seine Blümchen gleich beim ersten guten Wetter raus, und wenn er Pech hat, sind sie hin. Ein Bisschen genauer wäre nicht schlecht, oder? Eine wichtige Information fehlt noch. Wie dick soll der Samen mit der Erde bedecken sein, oder vielleicht gar nicht? Ich finde das ist eine grundliegene Information.
Es gibt aber noch mehr Interessantes. Wie auf einer Tüte mit Zucchini-Samen: Genetisch nicht verändertes Saatgut. Na ja, es bedeutet, die Samen sind nicht genetisch verändert, aber auf mehreren anderen Tüten habe ich so eine Information nicht gefunden, sind denn die anderen genetisch verändert? Dazu kommen noch Angaben, die wir sowieso nicht verstehen und auch nicht wirklich brauchen wie z.B. P3Z oder P1Z. Das Wichtigste fehlt jedoch. Für wichtig halte ich die Information, wie tief der Samen gelegt werden muss. Die Information fehlte auf fast allen meinen Samentüten! Der Spinat braucht 1-4 cm Tiefe, Feldsalat 1 cm und die Sellerie ist ein Lichtkeimer, darf nicht bedeckt werden. Ich habe schon oft nach Informationen über Keimfähigkeiten und Keimbedingungen gesucht, jetzt habe ich mehrere, aber weit nicht alle Kräuter- und Gemüsearten in einer Tabelle zusammengefasst: http://www.kleingaertnerin.de/saat.html

- **Eltern gesucht!!!**

05 Mai 2006

Eltern dringend gesucht! Am liebsten ein nettes Entenpaar! Bitte melden!

Zwei einsame Enteneier suchen neue Eltern!

06 Mai 2006

Irgendwie wurden wir gestern falsch verstanden! Oder sind es vielleicht Kuckuckseier?
Fortsetzung folgt....
Ich hoffe.....

Wieder ganz allein....

07 Mai 2006

Was für eine traurige Enten-Geschichte! Gerade ist das zweite Ei dazu gekommen und schon war ein Räuber da. Die Eltern haben wir heute auch nicht gesehen, ob sie überhaupt noch wieder kommen? Hat das einsame Ei noch eine Chance?

Und wo sind sie jetzt?

09 Mai 2006

Unser letztes Entenei ist weg! Wir haben uns schon auf eine Entenfamilie gefreut und jetzt das. Na ja, aber ehrlich gesagt, eine brütende Ente in einer Kleingartenanlage hätte es nicht leicht, alle paar Tage wird der Rasen gemäht, es wird gegrillt, hin und wieder geklopft und gesägt. Ich habe schon darüber nachgedacht, was ich machen würde, wenn die Ente brüten würde. Im Notfall würde ich dann den Rasen mit der Heckenschere kurz halten, aber hätte ich es dann geschafft, auch die Nachbarn dazu zu überreden? Ich glaube nicht. Ich denke auch, mein Teich wäre viel zu klein, selbst für eine kleine Entenfamilie.
Nein, eine Kleingartenanlage ist nicht gut für Enten geeignet! Definitiv nicht! Ich bin aber trotzdem traurig über die verlorene Eier, die kleinen Entchen und ihre Eltern.

• Achtung! Die Eisheiligen!

„Pankraz, Servaz, Bonifaz machen erst dem Sommer Platz“
12 Mai 2006

Eigentlich wollte ich schon diese Woche meine kleinen Zucchini und alle Sommerblumen draußen auspflanzen, aber nach der Wettervorhersage, kann es in den nächsten Nächten kalt werden, so richtig kalt. Nach den letzten warmen Tagen kann man sich kaum vorstellen, dass die Temperaturen bis fast Null Grad runter rutschen. Meine armen Fuchsien! Die sind schon im Garten. Ich denke die Zucchini müssen noch bis Montag oder Dienstag warten; das Problem ist nur: die wachsen unheimlich schnell, mehrere Zentimeter am Tag. Zuerst wollten sie überhaupt nicht keimen, es war wohl zu ungemütlich. So habe ich noch vier Samen in die Erde gesteckt, und ein paar Tage später zwei weitere und so habe ich jetzt sechs Pflänzchen. Zwei behalte ich und die restlichen vier werde ich dann verschenken.
Manchmal frage ich mich, warum ich das alles tue. Sechs kleine Zucchinipflanzen kosten im Supermarkt 1,99. Das ist ein vernünftiger Preis. Der Antwort ist; ich weiß es nicht. Aber nächstes Jahr werde ich wieder kleine Zucchinipflanzen produzieren und mit meiner Nachbarin gegen kleine Tomatenpflanzen tauschen, und dann zwei, drei Monate später leckere Spagetti mit Zucchini-Tomaten-Soße essen. Und eins kann ich sagen, die eigenen schmecken doch am besten!
P.S. Mit Hackfleisch und Reis gefüllte Zucchini schmeckt auch super!

• Das schöne Gartenwetter

16 Mai 2006

Was für ein schönes Wetter haben wir heute! 15 Grad, etwas Regen, die nächsten Tage bleibt's ähnlich. Der Garten hat es aber wirklich gebraucht. Über zwei Wochen schönes sonniges Wetter hat alles zum blühen gebracht. Mittlerweile sind die Narzissen schon durch, die Tulpen haben nur noch ein paar Tage vor sich, die Primeln auch. Schade, die schönste Gartenzeit ist fast vorbei. Es gibt auch gute Nachrichten: die 1. mein Blauregen hat sich nach 4 Jahren entschieden zu blühen, die 2. ich habe Urlaub!!! Bis bald!

• Die Arche Warder

23 Mai 2006

Ich hoffe, jeder Hobbygärtner ist auch ein Naturliebhaber, der neben den Pflanzen auch Tiere mag, oder? Ich mag Tiere sehr, besonders die exotischen, wie Tiger und Löwen, die würde ich gern mal in freier Natur sehen aber falls ich nicht nach Afrika oder Asien komme, kann ich sie im Tierpark sehen. Ich habe schon sehr viele Tierparks gesehen, aber letztens habe ich einen besonderen Tierpark besucht: die Arche Warder. Dort leben auf 40 Hektar Tiere, die man in anderen Tierparks kaum findet wie Schweine, Ziegen, Pferde, Schafe, auch Hühner und anderes Gefieder. Zumindest nicht in dieser Zusammenstellung. Es sind teilweise Rassen, die vom Aussterben bedroht sind. Manche sind ganz lustig, wie z.B. die Blonde Mangalitza. Was das überhaupt für ein Tier ist, findet ihr hier: http://www.tierpark-warder.de

• Ich bin von einem Vampir gebissen worden...

27 Mai 2006

... und das mitten am Tag! Zum Glück er hat nicht viel von meinem Blut bekommen.
Jetzt mal im Ernst, es war eine Zecke. Dagegen hilft nicht mal Knoblauch.
Ich hasse die Viecher! Die Zecken stehen bei mir auf dem ersten Platz der meistverhassten Gartenbewohner. Gleich danach kommen die Nacktschnecken...
Na ja, die Zecken sind nicht nur widerlich, sie können auch gefährlich werden. Es hat mich dazu veranlasst mein Beitrag über die ungebetenen Gäste um die Zecken zu ergänzen.

• Der Erste dieses Jahr

02 Juni 2006

Gestern habe ich zum ersten Mal dieses Jahr meinen eigenen Salat gegessen. Er war so lecker! Ein Paar Blätter Lollo Rosso und Rucola, etwas Sauerampfer und Kopfsalat, Radieschen und wenige Zweige frischen Dill! Und der erste Salat schmeckt sowieso am besten, ist unbehandelt und gesund. Na ja, und weil er nicht gespritzt ist, haben auch schon mal die Schnecken oder Erdflöhe daran geknabbert, die Rucola-Blätter waren sehr künstlerisch gelocht. Mich stört es aber nicht. Die

Radieschen waren auch nicht so riesig groß wie die im Supermarkt, dafür waren sie aber sauscharf, wirklich! An dem Dill gibt es aber nichts auszusetzen, vielleicht nur, dass er noch nicht so ganz groß geworden ist. Aber dieses Jahr kommt alles irgendwie später. Schuld ist natürlich das Wetter. Manche Pflanzen wollen überhaupt nicht wachsen. Na ja, aber wenn ich z.B. so eine Buschbohne wäre, würde ich auch nicht so gern nach draußen wollen. Kalt und nass, max. 17 Grad, das ist doch kein Wetter für Bohnen, für die Zucchini auch nicht, und die Paprika lässt sich lieber von den Schnecken auffressen, als unter diesen Umständen groß werden! Zum Glück bleibt noch der Spinat, ich denke, dem geht es gut. So habe ich eine Chance nächste Woche ein Spinatauflauf zu essen! Wird bestimmt genauso lecker wie meine Salat...

- **Wir bauen ein Hotel!**

08 Juni 2006

Wir werden in die Hotelbranche einsteigen, erst mit nur einem Hotel, und wenn das Geschäft gut läuft, werden wir vielleicht weitere bauen. Mal sehen. Der Name des ersten Hotel: "Gosia's Inn".
Mit dem Bau haben wir etwas ungewöhnlich vom Dach angefangen, es ist aber auch kein gewöhnlicher Bau, wir bauen nämlich ein Insektenhotel.
Den ganzen Frühling lang, habe ich besonders wenige Hummeln gesehen, Wespen auch nur vereinzelt und die Bienen haben sich bisher auch sehr selten sehen lassen. Dann habe ich auf irgendeiner Internetseite so ein Insektenhotel gesehen und überlegte, dass wenn ich ihnen einen netten Wohnplatz anbiete, würden sie sich dann auch mehr mit der Bestäubung meiner Bäume beschäftigen, oder? Dann habe ich lange überlegt wie könnte so eine Insektenhotel aussehen, viele Bekannte nach Materialien gefragt, dann gestern Material eingekauft und heute gibt es schon was zu sehen.
Und an dieser Stelle muss ich sagen, dass mein Anteil an der bisherigen Arbeit gleich Null ist, denn das Alles hat mein Freund gebaut, aber die Idee war immerhin von mir! Naja, aber bis das Hotel fertig ist und das ganze Gerüst mit Leben gefüllt ist, gibt es noch viel zu tun. Man braucht viele verschiedene Materialien wie Holz, Stroh, ein paar Backsteine, usw. Je mehr verschiedene Zimmer man baut, desto mehr verschiedene Insektenarten werden sich ansiedeln.
Mal sehen, wie viele Sterne mein Insektenhotel bekommt. Ich hoffe auf ganze fünf.
Fortsetzung folgt...

- **Die neuen Teichbewohner**

11 Juni 2006

Unser Teich hat fünf neue Teichbewohner. Wir haben paar neue Fische gekauft. Meine Lieblingsart: die Shubunkin, eine Art Goldfisch nur viel bunter, ein bisschen wie Koi, nur kleiner und viel, viel billiger.
Vor kurzem haben wir festgestellt, dass die Fischpopulation in unserem Teich auf ein Exemplar geschrumpft ist. Die meisten Fische haben den letzten, sehr langen Winter leider nicht geschafft, der Vorletzte hat den Winter überlebt, ist aber dem Graureiher oder einer Katze zum Opfer gefallen, und so ist uns nur ein einziger Fisch übrig geblieben. Er ist groß und kräftig, und das wichtigste, er hat ein Tarnanzug an, so weiß-grau-schwarz gefleckt. Vielleicht hat er doch eine Chance alt zu werden. Aber dazu braucht er unbedingt paar Kumpels, denn sie mögen es nicht allein zu sein. So haben wir welche gekauft. Ich hoffe, sie fühlen sich gut bei uns. Der alte Fisch scheint auf jeden Fall sehr zufrieden damit zu sein. Die Kleinen machen ihm keine Konkurrenz, sind doch eh viel kleiner. Und Einen zum Schnacken kann man auch mal gebrauchen, selbst als Fisch. Also dann herzlich willkommen in unserem Teich, liebe Fische!
Ah, habe ich fast vergessen. Letztens habe ich im Teich einen Kammmolch gesehen, die sind ja so niedlich! Dafür habe ich schon lange keine Posthornschnecke gesehen. Ich fürchte, die haben den Winter auch nicht überstanden.

- **Der Sommer**

17 Juni 2006

Der Sommer ist da. Die Frühlingsblumen haben sich für dieses Jahr verabschiedet. Dafür kommt jetzt die Zeit für die echten Sommerblumen. Als Erster war der Mohn da, die erste Rose ist auch schon aufgegangen. Leider kommen mit dem Sommer aber auch die Mücken. Je wärmer und feuchter das Wetter, desto schlimmer sind die kleinen Vampire, und dagegen hilft nichts. Es gibt zwar genug Mittel gegen Mücken im Handel, aber wirklich wirken tut das Zeug nicht. Angeblich mögen die Mücken den Lavendelduft nicht, vielleicht sollte ich mich in meinen Lavendel wälzen? Leider habe ich nicht so viele davon... Na ja, ich lasse mir durch diese und andere Blutsauger nicht den Sommer versauen. Bald gibt es nicht nur was fürs Auge, sondern auch etwas für den Magen. Die Erdbeeren werden langsam rot. Mal sehen, wer schneller ist (isst), ich oder die Schnecken...

- **Erdbeerzeit**

23 Juni 2006

Hier kleiner Auszug aus der Erdbeerkunde:
Agana, Avanta, Bella-Hummi-Bella, Dorena, Elsanta, Elvira, Fiesta, Festiva, Ilseta, Honeyone, Florika, Gerida, Induka, Jewel, Joghana, Julietta, Karla, Kent, Korona, Lambada, Laroma, Mars, Mieze Schindler, Milcin, Milprima, Milsei, Neride, Nordika, Direktor Paul Wallbaum, Darline, Darlibelle, Cortina, Chandler, Bogota, Onebor-Marmolada, Pandora, Pegasus, Peltata, Polka, Primera, Rafzusen-Petrina, Rosella, Senga Sengana, Tenira, Thuriga, Vicoda, Calypso, Capitola, Darflash, Irvine, Mara de Bois, Mrak, Muir, Rapella, Seascape, Serenata, Sweet Delight, Symphony, Eros, Cosina, Junita, Julietta u.s.w.
Für die, die nur die Senga Sengana kennen, es gibt noch viel, viel mehr... Guten Appetit!

- **Sie haben nicht nur schöne Namen, sie schmecken auch so lecker!**

24 Juni 2006

Heute war ich schneller als die Schnecken! Möglicherweise wohnt in dem Erdbeerbeet eine Erdkröte, denn es gibt keinen besseren Wächter als eine Kröte. Da hat eine Schnecke keine Chance. Auf jeden Fall die roten, reifen Erdbeeren waren noch da, gar nicht angeknabbert und so lecker! Direkt vom Strauch, warm von der Sonne! So etwas gibt es in keinem Delikatessenladen.
Die Erdbeeren haben bei mir eine besondere Stellung, der Appetit auf frische Erdbeeren hat aus mir eine Gärtnerin gemacht. Seit Jahren schon bin ich vom Frühling bis spät in den Herbst mit dem Garten beschäftigt. Beim guten Wetter, beim schlechten Wetter und auch mal beim Regen. Manchmal bin ich auch im Winter im Garten, wenn es nicht so ganz, ganz kalt ist. Die Erdbeeren sind meine Belohnung, aber noch ein paar Wochen, dann bekomme ich die nächste Belohnung: die Himbeeren und die wilden Walderdbeeren! Die schmecken mindestens genauso lecker!

• Bruno, der Bär

28 Juni 2006

Der Bruno ist erschossen worden. Er war ein Bär, also er hat mal paar Schafe gerissen, oder mal eine Imkerei verwüstet. Nahrungssuche ist doch normal für einen Bären, oder? Aber woher sollen wir es wissen, was für einen Bären normal ist und was nicht. Es gibt sie doch nicht mehr in Deutschland, und es ist wohl auch gut so (für die Bären). Die anderen wilde Tiere werden wir auch erschießen oder vergiften, mal sehen was schneller geht. Natürlich umweltfreundlich. Und weil alle wissen, dass Tiere als Freunde und Lebensbegleiter durchaus eine Verwendung haben, werden wir uns paar neue Tierrassen erschaffen, so etwas in der Art wie der Sphings, die Katze ohne Haare, oder einen Pitbull ohne Zähne, der keine Kinder überfällt. Eine Katze, die keine Allergien hervorruft, gibt es schon, kostet ca. 10.000 Dollar. Ein wirklich tolles Tier. So ein Bruno kann nicht dagegen anstinken. Den Jäger, der ihn erschossen hat, hat es auch nicht beeindruckt, dass der Bär der EINZIGE war. Also alle Bären der Welt, bleibt wo ihr seid, es ist besser für euch. Wir kaufen uns ein Tamagotchi, am besten gleich zwei, man kann sie verbinden und so entsteht eine richtige Tamagotchi Familie! Ist das nicht süß? Nur denkt daran, die verbrauchten Batterien in die dazu vorgesehen Sammelboxen zu entsorgen, der Umwelt zuliebe.

• Tierische Besucher

01 Juli 2006

Ich denke, es hat sich in der Kieler Tierwelt rumgesprochen, dass wir eine besonders tierfreundliche Kleingartenanlage sind. Unser neuester Besucher war ein Reh! Wir hatten schon Igel, Fasan, wilde Enten oder auch mal eine Schlange, bzw. Schlangenhaut, Graureiher, Eichhörnchen, Kaninchen, Hasen und unzählige Vogelarten. Aber ein Reh, das ist doch mal was, oder? Letztes Jahr wurde schon mal davon berichtet und keiner hat's geglaubt. Diesmal ist es tatsächlich gesehen worden. Naja, und es gibt noch die Spuren. So wie es aussieht, mag das Reh besonders gern die frischen Blätter und Knospen von Rosen, der Phlox schmeckt ihm auch sehr gut, aber nur die Spitzen. Des Nachbars Kohlrabi hat es auch verspeist und noch ein paar Blumen bei anderen Nachbarn. Ansonsten hat es sich gut benommen, Nichts unnötig kaputt gemacht. Etwas schade um die Blumen, aber so ein Reh als Gast, das ist schon was Besonderes. Also liebes Reh, wir freuen uns sehr auf deinen Besuch und wir werden auch bestimmt nicht auf dich schießen. Versprochen!

- **Bratwurst-Strauch?!**

12 Juli 2006

Die Erdbeerzeit ist fast vorbei, es ist ja richtig traurig. Zum Glück gibt es im Garten so viele andere leckere Sachen. Die Johannesbeeren und Himbeeren sind in wenigen Tagen reif. Und heute habe ich die erste Zucchini geerntet. Die gibt es als Zucchini-Käse-Soße mit Schinken und Spagetti. Sehr lecker! Die Buschbohnen sind auch schon fast so weit. Noch eine Woche und dann gibt es frische Bohnen mit neuen Kartoffeln, etwas angebratenen Zwiebeln und frischem Dill dazu. Ein perfektes Essen direkt aus dem Garten. Schade nur, dass es keine Bratwurst-Sträucher gibt. Es gibt zwar einen Speckbaum, den kann man aber leider nicht essen! Wie schade.

- **Das Insektenhotel: die ersten Zimmer sind bezugsfertig**

15 Juli 2006

Die ersten Zimmer sind schon fertig. Unser Hotel besteht aus drei Etagen, davon wird die erste Etage bald fertig sein. Geplant ist, möglichst viele verschiedene Zimmerarten zu bauen. Jetzt haben wir zwei große Stroh-Suiten, mehrere Schilf-Familienzimmer, ein paar Holz-Zimmer, zwei Mauerstein-Unterkünfte für mehrere Bewohner. Das Problem ist das Material; da ich nicht alles in meinem Garten habe, muss ich "betteln" gehen. Bis jetzt mit Erfolg. Bald gibt es weitere Fotos. Über etwas Werbung für unser Hotel Gosia's Inn würden wir uns freuen!

- **Mode-Kräuter**

26 Juli 2006

In meinem Garten habe ich viele Kräuter. Die bekannten wie Petersilie oder Dill, aber auch die weniger bekannten wie Liebstöckel. Das neueste ist Knolau (allium tuberosum). So eine Kreuzung zwischen Schnittlauch und Knoblauch. Oder anders: Schnittlauch mit Knoblauch-Aroma. Vor wenigen Jahren hat die Gourmet-Küche den Bärlauch neu entdeckt und mittlerweile kennt ihn fast jeder. Es gibt auch sehr viele Kräuter, die seit Hunderten von Jahren kulinarisch oder medizinisch genutzt wurden und dann in Vergessenheit geraten sind. Zum Glück gibt es noch passionierte

Kleingärtner und Kleingärtnerinnen, die solche alten Pflanzen kultivieren. Ich zähle mich auch dazu, denn bei mir wächst seit Jahren Ysop, Mutterkraut und Sauerampfer. Und wer Interesse hat, kann auf meiner Homepage etwas mehr lesen: www.kleingaertnerin.de/kraeuter.html

- **Bohnen ohne Ende**

30 Juli 2006

Es ist endlich soweit! Die Ernte! Es gibt Kartoffeln, Zucchini und vor allem die grünen Bohnen! Die schmecken so lecker! Es gibt so viel davon, dass die Woche zu kurz ist um alles zu kochen was man möchte. Also Montag gibt es Zucchini-Käse-Soße, am Dienstag grüne Bohnen (diesmal die blaue Sorte) mit Kartoffeln, Zwiebeln und Bratwurst, am Mittwoch vielleicht eine gefüllte Zucchini, am Donnerstag einen Bohnen-Eintopf mit Speck, am Freitag dann mal Kartoffel-Auflauf und am Samstag könnte man eine Sauerampfer-Suppe essen. Und am Sonntag vielleicht mal grillen? Natürlich im Garten, wo sonst. Aber mal ehrlich, so ein Gemüsegarten ist doch etwas Besonderes. Zugegeben das eigene Gemüse ist sehr teuer. Die ganze Arbeit, die man reinsteckt, und natürlich auch die Samen oder Jungpflanzen, das kostet alles. Manchmal hat man noch Pech, die Läuse oder die Kartoffelkäfer sind im Lande und fressen alles, was man mühsam angebaut hat. Meistens klappt es aber ganz gut. Und wenn es endlich so weit ist, dann gibt es das große Fressen. Es gibt so viel leckeres, ich kann mich überhaupt nicht mehr entscheiden worauf ich am meisten Lust hätte. Eventuell eine Suppe aus junger Roter Bete oder vielleicht doch Dillsuppe? Das Rezepte gibt es hier: www.kleingaertnerin.de/kulinarisches.html

- **Das Insektenhotel: der Bau geht weiter**

06 August 2006

Die Arbeiten an dem Insektenhotel gehen weiter, leider langsamer als geplant. Zum Ersten, es fehlt an Material. Es ist nicht so einfach unbehandeltes Baumaterial zu finden. Ich weiß es nicht, ob es von Bedeutung ist, dass das Holz unbehandelt ist, ich will aber nicht riskieren, dass mein Hotel unbewohnt bleibt. So bleibt mir nichts übrig, als die Gartennachbarn und Freunde zu fragen. Fast jeder hat etwas in der Ecke liegen, was ich zum Bau nutzen kann. Ob Steine, oder altes Holz, auch Stroh und alte Tontöpfe, alles kann ich gebrauchen. Das zweite Problem ist, das die ganze Arbeit

ziemlich mühsam ist, bis man die Löcher in den Holzstücken gebohrt hat, oder das Stroh gebündelt ist, vergehen Stunden. Besonders wenn das Akku von der Bohrmaschine schon nach wenigen Löchern den Geist abgibt. Na ja, bis Herbst bin ich hoffentlich fertig.
Natürlich wenn ich mir das Ganze nicht doch noch mal überlege. Heute haben mich die Wespen und Bienen regelrecht verfolgt. Ich glaube nicht, dass der Grund die Freude auf neues Zuhause war!

- **Ist das schon Spätsommer?**

10 August 2006

Heute sollte es regnen, hat es aber nicht. Es sollte auch kühler werden, ist es auch nicht, nur zum Abend wurde etwas frischer. Und nur daran und an den Spätsommerblumen wie Sonnenhut und Phlox merkt der Kleingärtner, dass der Herbst sich langsam nähert. Auch der Oregano und die Melisse stehen in voller Blüte. Aber Vorsicht, die zwei Kräuter dürfen nicht ausblühen, sonst haben wir im Garten nur noch Oregano und Melisse. Die Insekten, würden sich sehr darüber freuen! Ich aber weniger. Die zwei Kräuter breiten sich sehr schnell aus. Der Sonnenhut sät sich auch sehr gerne selbst aus, in meinem Garten zumindest. Bei der Nachbarin will er überhaupt nicht wachsen und obwohl es nur weniger Meter sind, geht er immer ein. Meine andere Nachbarin hat von mir mehrere Frauenmantel-Pflanzen bekommen. Es hat auch nicht geklappt. Und bei mir wachsen Riesenexemplare! Nicht das jemand denkt, ich würde angeben, nein, nein. Bei mir ist auch schon einiges eingegangen. Z. B. Nachbars Kokardenblume, die will bei mir überhaupt nicht. Oder auch Blumenkohl, mit dem hat es noch nie richtig geklappt und auch die Tomatenernte ist meistens spärlich ausgefallen. Aber wir werden nicht aufgeben. Die Tomaten versuchen ich und auch meine Nachbarin jedes Jahr aufs Neue und immer noch sind wir guter Hoffnung! Die eine Tomate die bei mir schon fast rot ist, wird am Samstag als Tomate-Mozarella-Salat verspeist! Guten Appetit!

- **1001 Art eine Nacktschnecke zu Kompost zu verarbeiten**

16 August 2006

Sie ist die Plage eines jeden Gärtners, die Nacktschnecke. Nach drei Tagen Regen sind sie alle aus ihren Löchern raus gekrochen und haben sich sofort auf meine

Bohnen gestürzt! Die Biester! Ein paar von den Jungs (oder vielleicht Mädels?) haben aber leider Pech gehabt; ich war im Garten und sie sind mir über den Weg gekrochen. Ich habe sie mit größtem Vergnügen in den Nacktschneckenhimmel geschickt. Wenn man überlegt, dass eine Schnecke ca. 150 Eier legt, und selbst davon nur 10% überleben, so hat man in null Komma Nix 15 neue Schnecken im Garten. Dazu kommt noch, dass die Schnecken Zwitter sind, also jede beliebige Schnecke kann mal Mädchen werden und Eier legen... Und ganz schnell haben wir sehr viele neue Schecken...
Ich habe mich schon mal mit dem Thema beschäftigt: www.kleingaertnerin.de/ungebetene_gaeste.html#Nacktschnecken. Heute bin ich auf Idee gekommen einen Ratgeber für Kleingärtner zu schreiben "1001 Art eine Nacktschnecke zu Kompost zu verarbeiten".

• Es gibt auch gute Schnecken!

26 August 2006

Heute habe ich versucht eine Gehäuse-Schnecke zu fotografieren. Sie ist mir durch ihres helles,rotgestreiftes Haus ins Auge gefallen. Und eins muss ich sagen, es war sehr schwer. Dafür muss man wirklich Geduld haben.
Also habe ich zuerst einen schönen, grünen Hintergrund gesucht. Als ich die Schnecke auf den Hintergrund gelegt habe, hat sie sich noch tiefer in ihrem Haus verkrochen. Ich habe etwas gewartet, dann habe ich versucht sie mit Funkie und Tagetes raus zu locken. Die Pflanzen sind doch so beliebt bei Schnecken. Aber nicht bei dieser! Nach Minuten hat sie das eine Ding, das wie ein Alien-Auge aussieht, ausgestreckt, in meine Richtung gestreckt, und Zack, sie war wieder drin. Dann habe ich wieder gewartet, dann hatte sie das zweite Ding kurz mal gezeigt und schnellstens wieder versteckt. Ein paarmal hat sie das Spiel mit mir gespielt. Und dann hat sie sich ganz verkrochen. Gemeine Schnecke! Schade. Sie hatte ein richtig schickes Haus!

• Verregneter Sonntag

03 September 2006

Was tut so eine Kleingärtnerin wenn es regnet? Die Kleingärtnerin beobachtet die Regenwolken auf dem Regenradar über das Internet und wartet auf ein Loch zwischen den Wolken. Wenn so eine Lücke sichtbar ist, macht sich die

Kleingärtnerin auf den Weg zum Garten. Heute war es so ein Tag. Ich habe es geschafft die Zucchini und die restlichen Bohnen zu pflücken. Ein paar Schnecken habe ich auch gejagt. Und die Fische gefüttert. Ich hätte zwar noch morgen oder übermorgen die Zucchini ernten können, und die Fische würden auch nicht verhungern, aber ein Sonntag ganz ohne Garten, das geht doch gar nicht!

- ## Hilfe! Eine Schlange!

10 September 2006

Dass sich mal eine Schlange in meinen Garten verirrt hat, das wusste ich schon. Letzten Sommer habe ich eine Schlangenhaut gefunden. Eine Schlange hatte sich direkt auf dem Gehweg gehäutet. Aber dass sich eine Schlange in meinem Teich häuslich eingerichtet hat, das wollte ich nicht glauben. Heute habe ich das Monster gesehen! Ich habe mich auf die Suche über Google gemacht und herausgefunden, dass es eine Ringelnatter sein muss und sie kann bis zu 20 Jahre alt werden. Und was sagt mir das? Es sagt mir, warum meine Fische immer weniger werden! Die sind schon jetzt weniger geworden. Ich finde es überhaupt nicht lustig! Und die Fische wahrscheinlich auch nicht! Und was würden die Frösche dazu sagen? Die einzige Rettung für uns alle wäre, wenn die Schlange in den Nachbarteich umziehen würde. Der Nachbar hat sowieso zu viele Fische in seinem Teich. Da könnte eine kleine Schlange lange davon leben. Nur wie soll ich ihr das beibringen? Hat vielleicht jemand eine Idee?

- ## Es wird Herbst

20 September 2006

Wir haben immer noch Sommer, könnte man denken. Aber im Garten hat der Herbst schon angefangen. Und woran erkennt der Gärtner, außer durch einem Blick auf den Kalender, dass der Herbst kommt? Unter anderem an den vielen Spinnweben! Die Spinnen haben ihre Fallen in jeder Ecke des Gartens gesponnen; jetzt ist Zeit für die Spinnen sich etwas Winterspeck anzufressen. Den Spinnen wünsche ich auf jeden Fall viel Appetit und hoffe, dass die Stechmücken zu ihren Lieblingsspeisen gehören.

- **Laubkompost**

30 September 2006

Dieses Jahr werde ich testweise Laubkompost produzieren. Der Komposter steht schon bereit, etwas Laub ist auch schon drin. Mal sehen ob das klappt. Die Jahre davor habe ich immer ein Teil vom Laub in einer Gartenecke gehäufelt, um den Tieren eine Überwinterungsmöglichkeit zu schaffen, ein anderen Teil auf die abgeräumten Beete und den Rest auf dem Komposthaufen verteilt. Trotzdem war immer zu viel Laub da. Vor ein paar Monaten habe ich über Laubkompost gelesen und jetzt will ich es mal ausprobieren. Man braucht dazu Laub, etwas Grünzeug wie Rasenschnitt und Gartenkalk. Die genaue Beschreibung ist hier zu finden: www.kleingaertnerin.de/mischkultur.html#Laubkompost
Die Igel brauchen sich aber keine Sorgen zu machen, sie bekommen genug Laub für ihren Haufen!

- **Frühlingsvorbereitung**

08 Oktober 2006

Jetzt ist die Zeit um für einen blumenreichen und bunten Frühlingsgarten zu sorgen. Die Tulpen, Osterglocken und andere Zwiebelblumen müssen jetzt gepflanzt werden. Am besten ist es, wenn die Arbeit bis Ende Oktober gemacht wird, so haben die Zwiebeln genug Zeit vor dem Winter um Wurzeln zu schlagen. In meinem Garten habe ich eigentlich genug Zwiebelblumen, trotzdem kann ich die Finger nicht davon lassen immer wieder ein paar Tüten dazu zu kaufen. Dieses Jahr habe ich aber mehr Narzissen gekauft. Ich habe gelesen, die Wühlmäuse mögen sie nicht. Dagegen sind die Tulpenzwiebeln für die Mäuse eine ausgesprochene Delikatesse, der Fasan mag sie auch sehr gern. Interessant ist, dass viele Blumenzwiebeln giftig sind, zumindest für den Menschen. Z.B. die Tulpen- und Narzissen-Zwiebel, auch die Schneeglöckchen und Krokusse enthalten giftige Substanzen. Auch ein Grund die Zwiebeln so schnell wie möglich unter die Erde zu bringen. ☺

- **Kleingärtnern im Herbst**

28 Oktober 2006

Der Herbst ist eine gute Zeit für faule Kleingärtner. Man braucht keine Ausreden um nicht zum Garten gehen zu müssen. Das Wetter ist meistens zu schlecht und es gibt sowieso nicht viel zu tun. Also dann bleibe ich lieber gleich zu Hause, oder? So war das Wetter schon vorige Woche, und heute auch. Ich bin trotzdem zum Garten gefahren und war mal wieder die ganze Zeit alleine da. Nein! Das soll jetzt kein Hinweis auf die Faulheit sein.

Das Wetter war viel schöner als vorausgesagt, es hat nicht geregnet und die Sonne hat sich auch mal gezeigt. Es ist immer noch sehr bunt im Garten. Die Herbstastern blühen noch und auch die Rosen. Und das Beste, die Frühlingsblumen wie Rittersport und Primeln haben sich entschieden diesen Herbst noch mal zu blühen. Ich hoffe, der Winter kommt nicht zu schnell. Denn, wenn es gerade nicht regnet, ist der Herbst eine sehr angenehme Zeit für alle Kleingärtner, auch die Faulen.

- ## Meteorologisch ist schon Winter...

10 Dezember 2006

...aber kalendarisch ist noch Herbst! Um mich noch mehr zu verwirren, hat sich mein Garten sehr frühlingshaft präsentiert! Wir haben Dezember und in meinem Garten blühen Primeln. Es kommt oft vor, dass manche Sorten im Herbst eine zweite Blütezeit haben, aber doch nicht im Dezember, oder?

Die Primel hat ihren Namen daher, dass sie als eine der ersten im Frühling blüht. Angenommen, es gibt kein Frost bis Januar, dann ist sie wirklich die allererste Blume im Garten!

- ## Frühlingspläne

08 Februar 2007

Das Warten auf den Frühling kann besonders für einen Hobbygärtner sehr lang werden. Irgendwann Ende Januar, spätestens Mitte Februar wird der Kleingärtner unruhig. Es wird geplant und überlegt, es werden Samen- und Pflanzenkataloge gewälzt und Pläne für neue Blumenbeete gemacht. Leider hilft das Planen alleine nicht so besonders viel und egal wie viele Samentüten in der Schublade liegen, man braucht was Neues! So war ich, wie jedes Jahr wieder, einkaufen. Natürlich online! Jetzt muss ich noch überlegen wo ich meine neue Billardkugelgroße (oder Billardkugelkleine) Zucchini kultivieren kann. Es wird eine schwere Entscheidung werden, glücklicherweise (aber auch zum Leidwesen) habe ich noch fast drei Monate Zeit zum Überlegen. Zu dumm!

Ein bisschen Winter kommt bestimmt noch.

- **Zimmer frei!**

12 Februar 2007

Wir bieten einer jungen glücklichen Vogelfamilie ein gemütliches Zuhause. Neubau in sonniger Lage, ab sofort zu vermieten. Besichtigung jederzeit möglich.

- **Endlich !?**

21 März 2007

Vor Beginn der Gartensaison habe ich mir einen kurzen Urlaub genehmigt. Ich hatte gehofft, dass wenn ich wieder nach Hause komme, endlich mit der Gartenarbeit beginnen kann... Aber nichts da!
Heute hat es geschneit! Dicke, fette matschige Schneeflocken! Irgendwie unmöglich. Im Winter Herbst, im Frühling Winter; mal sehen wie der Sommer wird. Für meinen Garten ist es überhaupt nicht gut, und für die Gartenbewohner bestimmt auch nicht. Trotzdem hoffe ich auf einen erfolgreiches Gartenjahr. Morgen werde ich auf jeden Fall beginnen; die Tomaten bekommen einen Platz auf der Fensterbank, die Salate kommen auf dem Balkon unter die Haube, und am Wochenende wird das Wetter hoffentlich besser. Im Garten muss dringend aufgeräumt werden, der Rasen gedüngt, der Teich gereinigt werden und vieles mehr...

- **Ich war heute im Garten**

25 März 2007

Ich war heute im Garten. Und diesmal nicht nur zum gucken! Zum Arbeiten! Der Winter (der dieses Jahr eigentlich kein richtiger Winter war) war doch sehr lang. Desto mehr freut sich der Kleingärtner wenn das Wetter am ersten Tag so schön ist, wie es heute war. Den ganzen Tag Sonne, auf dem Thermometer ca. 12 Grad, und nicht mal eine Wolke. Ich war nicht die einzige, die sich darüber gefreut hat. Ich habe Hummeln gesehen, Marienkäfer, einen Schmetterling, ganz viele Vögel und auch die Fische im Teich waren richtig aufgeweckt. Ich habe auch andere Kleingärtner gesehen! Leider auch die Nacktschnecken. Ich war kurz davor Schneckenkorn zu streuen. Habe mich aber doch noch zurück gehalten. Ich habe nämlich auch viele kleine Gehäuseschnecken gesehen, und die will ich in keinem Fall vergiften. Außer Schnecken habe ich im Garten auch wilde Kaninchen oder andere Gartenmonster die eine Vorliebe für Osterglocken haben. Die Hyazinthen sind auch abgefressen worden und wie jedes Jahr auch eine Hortensie. Ich hoffe nur, dass ich doch nicht so viele Gartenbesucher bekomme wie sonst. Aber warum eigentlich nicht?

- **Die Enten sind wieder da!**

31 März 2007

Und wieder mal haben wir ein Ei an unserem Teich gefunden. Die Enten müssen wirklich unseren Garten mögen. Letztes Jahr war es aber viel später, es war der 5. Mai als wir das erste Ei gefunden haben und heute haben wir noch März! Dieses Jahr ist der Frühling auch früher und alle sind glücklich darüber. Beweis auf dem Foto! Hoffentlich dieses Jahr mit dem Nachwuchs.

- **So ein Pech!**

02 April 2007

Unsere Enten haben wieder kein Glück gehabt! Das Ei ist weg. Als ich gestern zum Garten kam, habe ich nur noch die Eltern gesehen, vom Ei war Nichts mehr zu sehen. Ich habe überlegt, was passiert sein könnte. Also ins Wasser fallen konnte das Ei nicht, über dem Teich ist ein dünnes Netz gespannt, das Ei lag darauf. Eine Katze oder ein Vogel hätte die Schale kaputt gemacht, es hätte Spuren hinterlassen. Aber an der Stelle wo vorgestern noch das Ei lag, gab es überhaupt keine Spuren. Auch in nächster Nähe nicht. Das einzige Tier, das ein Ei im Ganzen verschlucken kann, wäre eine Schlange. Und wie ich schon berichtet habe, hat sich in unserem Teich eine Ringelnatter eingenistet. Möglicherweise war sie der Täter! Aber Schlangen müssen doch auch etwas essen, oder?!
Traurige Geschichte, aber wenn die Enten langsam schlau geworden sind, suchen sie sich jetzt einen ruhigeren Platz als unseren Teich.

- **Die Grillsaison ist eröffnet!**

15 April 2007

20 Grad im Schatten, leichte Brise und nur ein paar Wolken. Es war bestes Wetter zum Grillen. Und lecker war es auch....

• Schlechtes Wetter für Nacktschnecken

28 April 2007

Mein Garten trocknet aus. Durchschnittlich fällt bei uns im April ca. 35 mm Regen, dieses Jahr waren es bisher nur etwas über 2 mm! Dafür haben wir überdurchschnittlich viel Sonne gehabt. Das hat zur Folge, dass die Pflanzen viel schneller verblühen. Die Kirschblüte ist schon vorbei, die Apfelblüte ist voll im Gange und auch die Flieder haben angefangen zu blühen. Die Tulpen und Traubenhyazinthen sind auch schon verblüht. Meine Salate werden höchstwahrscheinlich alle auf einmal in Blüte schießen und der Spinat kommt erst mal gar nicht. Es ist viel zu warm. Das Wetter hat aber doch noch Vorteile; und nicht nur für Urlauber. Selbst für Kleingärtner gibt es etwas Positives. Die Nacktschnecken haben diesen April große Probleme zu überleben. Das Kriechen über ausgetrocknete Beete macht bestimmt keinen Spaß. Zurzeit wird Unkraut gerupft, Rasen gemäht, Beete umgegraben. So hat man als Nacktschnecke kein leichtes Leben. Die, die noch am Leben sind, verkriechen sich in die letzten feuchten Ecken im Garten. Das hilft ihnen aber auch nicht viel, denn ich kenne die Ecken auch! Irgendwie habe ich auch Mitleid für die Nacktschnecken. Aber nicht in meinem Garten!

• Erste Anpassungen an den Klimawandel

05 Mai 2007

Auch die Kleingärtner müssen sich auf den Klimawandel vorbereiten. Der diesjährige Frühling hat uns gezeigt was möglicherweise auf uns zukommt. Es wird auf jeden Fall wärmer. Die Saatgut-Produzenten sind schon dabei neue, hitzebeständige Saat zu produzieren.
Hier die ersten extrem hitzetoleranten Buschbohnen, Sorte Skipper.
Keimtemperatur 15 - 250 °C.

• Die ersten Hotelgäste sind eingetroffen!

18 Mai 2007

So wie es aussieht, ist unser Hotel bei den Wespen und anderen Insektenarten gut angekommen. Die ersten "Zimmer" wurden schon belegt, die weiteren werden besichtigt und besetzt. Das hat zur Folge, dass ich immer wieder neue Sorten von

Insekten fliegen oder krabbeln sehe. Einmal war es eine kleine gepunktete Spinne, dann wieder mal eine mir unbekannte Wespenart. Auf jeden Fall hat es sich gelohnt das Insektenhotel zu bauen! Ich denke schon über die nächste Investition nach. Vielleicht investiere ich diesmal in Einfamilienhäuser.

- **Jagdsaison im Kleingarten**

26 Mai 2007

Da gerade schlechtes Wetter ist, habe ich die Zeit genutzt und war heute jagen; und zwar in meinem Garten. Aber keine Panik, ich habe keine netten Tiere wie Igel oder Maulwurf gejagt. So etwas würde ich nie tun! Ich war nur hinter den bösen Nacktschnecken her. Letztens haben sie meine Tomaten abgefressen, die Biester! Und auch noch die Lupinen und Rittersporn. Auf den Erdbeeren und Kartoffeln sitzen ganze Kolonien. Direkt nach dem Regen kommen sie zum Fressen raus, und so habe ich ein paar von den Nacktmonstern in den Schnecken-Himmel geschickt. Bei der Suche habe ich auch andere Schneckenarten gesehen, wie z.B. die auf dem Foto. Auch Weinbergschnecken waren dabei. All die Arten, die ein Haus auf dem Rücken tragen, dürfen gern in meinem Garten wohnen. Die knabbern auch mal am Salat, aber hauptsächlich ernähren sie sich von abgestorbenen Pflanzen und Tieren. Die Weinbergschnecken sind noch gartenfreundlicher, sie fressen auch die Eier von den Nacktschnecken. Ist das nicht nett von ihnen?

- **Mein Freund der Marienkäfer**

20 Juni 2007

Ich habe oft gelesen, dass Marienkäfer gut im Kampf gegen Blattläuse wären. Heute habe ich sie in Aktion gesehen. So richtig kleine Kampfmaschinen! Den Ameisen hat es aber nicht besonders gefallen. Immerhin sind die Läuse für die Ameisen, was die Milchkühe für uns sind. Sie werden von Ameisen richtig gezüchtet. Und dann kommt so ein böser Marienkäfer! Unmöglich!
Aber da das alles in meinem Garten passiert, darf ich doch Partei ergreifen, oder? Ich bin für die Marienkäfer.

• Etwas mache ich hier falsch...

17 Juli 2007

Es ist die Erntezeit. Unter Anderem habe ich auch Knoblauch und Zwiebeln geerntet. Irgendwie früh, aber das Grün war schon nicht mehr grün sondern trocken, also könnte man denken, es wäre so weit. Der Knoblauch ist mittelgroß geworden, sehr saftig-klebrig und aromatisch. Gerade richtig zum Kochen. Damit bin ich zufrieden. Dafür sind die Zwiebeln eine einzige Katastrophe. Sie sind nur etwas größer als im Frühling beim Stecken. Zugegeben sie sind saftig, lecker und brennen beim Schneiden wie Teufel, nur leider so mickrig. Irgendetwas mache ich falsch. Letztes Jahr war es genauso. Wenig Zwiebel, viel Blüte. Ich habe es schon mit verschiedenen Sorten versucht, die für Herbstpflanzung, die Schalotten, einfache Steckzwiebeln und die Roten. Bisher war ich noch nicht zufrieden mit dem Ergebnis. Nächstes Jahr versuche ich es wieder, dann klappt es vielleicht. Und falls jemand einen Zauberspruch oder andere Ideen hat, wie ich meine Zwiebeln erfolgreicher anbauen kann, bitte melden.

• Schmetterlinge in meinem Garten

22 Juli 2007

Dieses Jahr habe ich besonders viele verschiedene Schmetterlinge fliegen sehen. Ich hoffe, dass es ein gutes Zeichen ist und es nicht mit der globalen Erderwärmung zu tun hat!
Ich hoffe, es liegt daran, dass ich im Garten die Pflanzen habe, die Schmetterlingsraupen besonders mögen. Wie z.B. Brenneseln oder Haselnuss. In einem Schmetterlingsfreundlichen Garten brauchen wir auch Nektar-Pflanzen, die als Futterquelle für erwachsene Schmetterlinge dienen, das wären etwa Sommerflieder, Phlox, Hyazinthen, Blaukissen, Herbstaster und viele mehr.
Und pssssst.... streng geheim: das Große Ochsenauge mag den Schneefelberich besonders gern!

• Stockrose statt Primeln

10 August 2007

Eigentlich wollte ich über Primeln schreiben, denn in meinem Garten blühen die Primeln. Leider habe ich das Beweisfoto gelöscht ☹ .
Aber es ist wirklich war. Mitten im Sommer blühen Primeln. Das sie im Frühling und manchmal im Herbst das zweite Mal blühen, das ist normal, aber im August?!

• Ich habe meinen Garten vernachlässigt...

28 August 2007

...weil ich im Urlaub war!
Ich war in Peking und habe dort viel Schönes gesehen. Eine sehr alte Kultur, die wie keine andere, die Natur in die Architektur und das tägliche Leben integriert hat. Die alten Bäume werden geschützt und gestützt. Hier auf dem Foto sehen wir ein Baum, der schon längst umgefallen sein müsste.
In China gibt es auch Sträucher, die kitzlig sind! Die Pflanze heißt Lagerstroemia indica L. Das hat mir eine alte Chinesin erzählt und gezeigt. Tatsächlich, als sie den Strauch am Stamm gekitzelt hat, haben sich die Zweige geschüttelt!
In Peking gibt es sehr viele Parks, Bäume und Blumenrabatten. Interessant ist, dass die meisten Blumenbeete aus einzelnen eingetopften Pflanzen zusammengestellt werden. Angeblich ist der Grund, dass der Boden dort sehr unfruchtbar ist. So werden auch Wasserpflanzen in Töpfen gehalten.
In allen Parks gibt es kleine und große Teiche mit Goldfischen und Koi. Auf den größeren Gewässern blühen Lotosblumen! Und dort, wo nicht so viel Platz zur Verfügung steht, gibt es Bonsais. Sind die nicht schön?

• Ein sonniger Herbst-Tag

23 September 2007

Woran erkennt man dass es ein trockener Herbst-Tag wird? Ganz einfach, an den vielen Spinnennetzen!
Die Spinnen nutzen das gute Wetter und gehen auf Jagd. Besser gesagt, die legen sich auf die Lauer und warten.
Und woran noch? An den vielen Kleingärtnern, die das schöne Wetter nutzen und versuchen das zu machen, was sie im ganzen Sommer nicht geschafft haben ;-).

Ich bin auch so eine Gärtnerin! Im Frühling habe ich mir so viel vorgenommen, geschafft habe ich nur einen kleinen Teil. Und so ist es jedes Jahr. Zum Glück gibt es noch den Herbst. Bei gutem Wetter haben wir noch ein Monat um die restlichen Gartenarbeiten zu machen. Jetzt ist die perfekte Zeit um Stauden zu teilen, Zwiebelblumen zu pflanzen, aufzuräumen und sich noch etwas über das schöne Gartenleben zu freuen. Ich habe noch Wintersalate gesät, Zwiebeln gesteckt, Unkraut gerupft und die Spinnen beobachtet.
Ich hoffe, am nächsten Samstag werden sie wieder große Netze bauen...

- **Blumen im Herbst**

07 Oktober 2007

Jede Jahreszeit hat ihre Blumen. Die Blumen des Herbstes sind die Astern. Heute habe ich eine neue Sorte von Nachbarn bekommen. Es ist schon die sechste Sorte, die ich im Garten habe. Ich finde, Astern machen den Garten im Oktober richtig schön. Da es die Blumen in sehr vielen Farben gibt und auch in verschiedenen Größen, wirkt der Garten richtig "frühlingshaft". Nur die gelben Blätter zeigen uns, dass es kein Frühling mehr ist.
Ich habe eine weiße Aster. Sie blüht erst im November. Im Garten ist es dann schon ungemütlich und dunkel. Alle anderen Blumen haben sich schon zurückgezogen, die Bäume sind schon nackt, nur die eine Aster steht da, mitten im Beet und strahlt!

- **Alle Jahre wieder**

21 Oktober 2007

Der Herbst kann auch sehr schön sein. Wenn die Sonne scheint, oder es einfach nicht zu viel regnet, kann der Kleingärtner seinen Herbstgarten noch genießen. Bald kommt der Winter und dann ist fast nichts zu tun im Garten.
Jetzt, im Oktober, brauchen wir darüber noch nicht nachzudenken. Jetzt gibt es genug zu tun. Es ist viel Arbeit bis der Garten winterfest gemacht wird. Ich mache es auch, aber nicht zu genau. Ich meine damit, ich mache meinen Garten winterfest, aber auf eine Art, wie die Natur es macht. Ich räume selbstverständlich hier und da etwas auf, sammle den Laub, reinige den Teich. Das Vogelhaus haben wir schon gereinigt, die Wassertonnen müssen noch geleert werden. Wichtig ist, das der Garten nicht wie eine Wohnstube rausgeputzt wird, hier und da kann ein trockenes Gestrüpp stehen bleiben,

in der Ecke etwas Altholz, in anderen Ecke ein Laubhaufen, ein paar Früchte auf den Bäumen. Die Tiere werden sich freuen. Leckere Sonnenblumenkerne direkt von der Blüte irgendwann im Januar, sind doch eine Delikatesse, ein paar Samen von den übrig gebliebenen Blumen schmecken vielleicht auch nicht schlecht. Besonders wenn es sonst nichts anderes gibt. Ein Laubhaufen kann auch weiter helfen, er ist eine hervorragende Überwinterungsmöglichkeit für viele Tierarten.
Also liebe Gärtner, bei den Aufräumarbeiten, bitte auch an unsere Mitbewohner denken. Für die ist der Winter auch nicht leicht.
PS. Ich denke, dieses Jahr bekommen wir wieder mal einen kalten und langen Winter.

• Kalter Entzug für Kleingärtner

13 November 2007

Der November ist kein guter Monat für Kleingärtner. Man hat nur Drecksarbeiten zu erledigen, wie aufräumen oder Kompost umschichten. Dazu kommt, dass es wieder drei, vier Monate dauern wird bis man wieder etwas kreatives im Garten machen kann. Diejenigen, die einen Garten am Haus haben sind nicht so ganz schlimm dran. Sie können bei gutem Wetter noch kurz das eine oder andere machen, und mit einem Blick durchs heimische Fenster die Tiere beobachten oder die Schönheit der verblühten Blumen bewundern.
Die Kleingärtner dagegen müssen erst den (manchmal) weiten Weg zum Garten machen. Mit etwas Pech umsonst, weil bei Frost das Gartentor gerade nicht aufgeht oder ein Schloss zugefroren ist. Mir passiert so etwas jeden Winter.
Man kommt zu seinem Garten um sich die gartenfreie Winterzeit vielleicht etwas zu versüßen, aber nix da! Die Regentonne ist durch den ganzen Garten geflogen, die kleinen Plastiktöpfe sind womöglich schon bei den Nachbarn, die Winterabdeckung für die Hortensie hat ein Tier als warme Bettdecke benutzt, was nicht mal das das schlimmste ist, denn die Hortensie wurde so wie so schon abgefressen. In der Gartenhütte ist es auch kalt und ungemütlich. Zusätzlich stellt sich raus, dass die Wühlmäuse überall gewühlt haben, brrrr...
Lieber wieder schnell nach Hause! Vielleicht ist eine Zeit gekommen, in der man sich ein zweites Hobby zulegen sollte? Etwas was man im Trockenen und Warmen machen kann, am liebsten zu Hause, auf dem Sofa! Mmmm...
Sudoku oder Kreuzworträtsel, stricken??? ;-)

Spätestens Ende Januar fängt der Kleingärtner aufs Neue an, die Gemüsebeete nach allen Regeln der Mischkultur zu planen, Gartenkataloge zu wälzen und die Wettervorhersage öfter mal zu verfolgen. Hoffentlich wird es bald wieder warm...

- **Ich vermisse meinen Garten**

09 Dezember 2007

Liebe Kleingärtnerinnen und Kleingärtner!
Geht es Euch auch so wie mir? Ich wurde so gerne im Garten etwas machen. Das geht leider nicht. In der Woche ist es nach der Arbeit schon dunkel und am Wochenende regnet es. Es regnet und regnet und regnet... Wenn es wenigstens etwas Schnee geben würde, bei uns regnet es nur.
Im Dezember ist auch irgendwie noch zu früh um Pläne für das kommende Gartenjahr zu machen. Und die ständige Anwesenheit von Weihnachtsmännern und Märkten lenkt das Planen mehr in Richtung Geschenke oder Weihnachtsmenü. Dafür ist der Januar ein guter Monat. Dann kann man sich schon so seine Gedanken über Sommerblumen und die Mischkultur machen. Es ist ratsam, sich richtige Anbaupläne zu machen. Es gibt einiges zu berücksichtigen und immerhin wollen wir auch eine gute Ernte haben.
Aber zuerst muss ich mich um die Geschenke kümmern und hoffen, dass der Weihnachtsmann mich nicht vergisst. ;-)

- **"Eskimo"**

15 Januar 2008

Im Januar fängt die große Gartenplanung an. Das wissen alle Gartenbedarfs-Verkäufer und die Kataloge flattern ins Haus.
Der arme Kleingärtner lässt sich in diesem Moment, mitten im Winter, sehr leicht beeinflussen und bestellt, und kauft und kauft.... Die Meisten machen das wohl auf jeden Fall. Dazu zähle ich auch...
Letztes Jahr habe ich mich durch eine Studentenblume namens "Eskimo" verzaubern lassen. Auf dem Foto im Katalog war sie so schön und groß! Auf dem Foto nebenan sieht sie auch prächtig aus, nicht wahr? Groß und weiß wie beschrieben. Nur dass die erste Blüte erst im September zu sehen war. Ich habe die Studentenblumen Anfang April ausgesät, Mitte Mai ausgepflanzt und dann über drei Monate gewartet! Darüber

stand nichts auf der Verpackung, und in der Katalogbeschreibung auch nicht. Der Name "Eskimo" war vielleicht ein Hinweis darauf, dass diese Sommerblume es kalt mag?

- **Bei mir ist schon Frühling!**

02 Februar 2008

Bei mir ist schon Frühling! Wirklich!
Ich weiß, es ist mitten im Winter (bei +8 Grad), noch Wochen bis Ostern, es kann noch Schnee geben...
Ende Januar habe ich es nicht mehr ausgehalten und mir paar Tage frei genommen. Ich dachte, warum soll ich warten bis der Frühling kommt, ich werde ihm entgegen kommen. So bin ich auf Madeira gelandet. Dort gibt es gar keinen Winter. Das ganze Jahr über ist es dort frühlingshaft warm. Die ganze Insel blüht! So richtig zum Neidisch werden. Hier findet Ihr ein paar Fotos: Madeira.
Jetzt bin ich schon seit ein paar Tagen wieder zu Hause. Ich habe mir aber aus meinem Urlaub etwas Frühling, und auch Inspirationen für die kommende Gartensaison mitgebracht. Heute habe ich angefangen. Als allererstes habe ich Tomaten ausgesät. Allerdings noch im Haus. In den nächsten Tagen folgt dann Paprika.
Habe ich schon erzählt, dass mir der Weihnachtsmann ein Gewächshaus gebracht hat?

- **Neuer Nistkasten zu vermieten.**

09 Februar 2008

Mietangebot
Wir haben unser Immobilienangebot um ein weiteres Vogelhaus erweitert.
Neu, sehr gute Südost- Lage mit Aussicht auf den Teich, ruhig. Kann jederzeit besichtigt werden.

• Schneeglöckchen & Co.

24 Februar 2008

Sind sie nicht schön die ersten Blumen in diesem Frühling?
Dafür genügen schon etwas weniger Wolken und Regen, und etwas mehr Sonne und der Garten fängt an zu leben. Heute ist gerade der 24. Februar und ich habe schon die erste Biene gesehen, die Primeln, Märzenbecher, Krokusse und Schneeglöckchen, sogar die Zwerg-Iris blühen wie die Weltmeister. Die Rosen treiben auch schon aus.
Ich habe schon mit den ersten Gartenarbeiten angefangen, die Winterzwiebeln und der Knoblauch sehen richtig gut aus. Ich hoffe auf eine frühere und bessere Ernte als sonst. In den Erdbeeren habe ich auch etwas Ordnung gemacht, denn bei den frühlingshaften Temperaturen wächst auch das Unkraut. Das Moos hat sich leider auch schon sehr breit gemacht. Der Rasen besteht eigentlich fast nur aus Moos. Er bekommt eine Kur. Aber das kann ich erst am nächsten Wochenende machen, hoffentlich bekommen wir aber keinen Winter mehr.

• Meine Tomaten machen sich gut

08 März 2008

Meine kleinen Tomaten sind schon ganz groß. Es ist die Sorte Fantasio F1. Ich habe sie vor ca. drei Wochen ausgesät, und vor einer Woche pikiert.
Noch paar Wochen bleiben sie im Haus, erst im April werde ich sie ins Gewächshaus pflanzen. Ich hoffe auf eine gute Ernte.
Die Paprika entwickelt sich auch prächtig, der Mangold keimt gerade. In den nächsten Tagen werde ich mich dann um die Sommerblumen kümmern. Tagetes und Zinnien, die muss man dringend vorziehen.
Um das Wachstum zu beschleunigen, bekommen meine Pflänzchen jeden Tag ein paar Stunden extra Licht, werden gestreichelt (die Bewegung stärkt sie) und mäßig feucht gehalten.
So eine Tomate hat bei mir wirklich gut! Die anderen Pflanzen übrigens auch.

• Schlüsselblumen und Primeln

29 März 2008

Ich war heute den ganzen Tag im Garten. Das erste Mal war es sonnig und warm. Unter anderem habe ich meine Primeln geteilt und verpflanzt. Sie machen den Garten

so richtig bunt und fröhlich. Da Primeln zu meinen Lieblingsblumen gehören, könnte ich Stunden davon erzählen...
Es gibt die Primeln und es gibt auch die Schlüsselblumen. Die ersten kaufen wir im Bau- oder Gartenmarkt um unsere Balkone zu verschönern, nach dem Frühling landen sie meistens im Müll. Traurig, aber war. Die meisten Menschen haben keine Verwendung für die verblühten und vertrockneten Pflanzen. Ein anderer Aspekt ist, dass selbst wenn man die Primeln im Garten einpflanzt, viele es gar nicht überleben. Sie wurden gezüchtet nur um schön zu sein, für genau einen Frühling lang. Mehr wird auch nicht erwartet.
Die Schlüsselblume ist auch eine Primel, aber sie ist die wilde Schwester der Primeln von den Märkten. Wirklich! So wild, wie eine Blume nur sein kann. Sie lässt sich nicht zähmen. Man versucht es zwar, aber selten mit Erfolg. Sie wächst nur dort wo sie will. Ich habe Glück, die hohe Schlüsselblume wächst in meinem Garten. Ich habe vor Jahren ein paar Pflanzen von meinem Garten-Nachbar bekommen. Nach und nach haben sie sich vermehrt. Natürlich wachsen sie im Garten an den Stellen wo sie wollen und in keinem Fall dort, wo ich sie gepflanzt habe. Schließlich sind es wilde Blumen.

• Meine Tomaten - einen Monat später

09 April 2008

Darf ich vorstellen? Hier meine Tomaten.
So haben sie vor einem Monat ausgesehen: am 8 März.
Heute habe ich sie umgepflanzt und gemessen. Sie haben gerade die Größe von 20 cm erreicht! In ein paar Tagen werden sie ins Gewächshaus verpflanzt. Und dann in Null Komma Nix gibt es Tomatensalat mit Zwiebeln. Die Zwiebeln sie auch bald so weit...

• Nachwuchs

13 April 2008

Eins unserer Vogelhäuser ist belegt. Der Nachwuchs ist auch schon da. Ich habe heute gesehen, dass die Mutti oder vielleicht Papi raus geflogen ist um etwas zu Beißen zu besorgen. Das piepsen war auch nicht zu überhören.

- **Eine Kröte küssen?**

26 April 2008

Heute beim Unkraut jäten habe ich den ersten jungen Prinzen dieses Jahr kennengelernt. Er war aber noch sehr, sehr jung. So habe ich mich entschieden mit dem Küssen etwas zu warten.
Ich habe den Prinzen erst mal wieder ausgesetzt, bis er etwas großer ist.
Dabei kam die Frage auf, ob eine Kröte zu küssen gleich wirkt wie einen Frosch zu küssen? Und was ist wenn die Kröte eine Prinzessin ist? ;-)

- **Die erste Tomatenblüte**

07 Mai 2008

Es ist wieder ein Monat vergangen seit ich über meine Tomaten berichtet habe. Sie sind schon ca. 60 cm groß und haben ganz viele Knospen, eine Tomate blüht schon.
Die Zucchini habe ich heute ausgepflanzt, und vor ein paar Tagen Porree und etwas Petersilie.
Die Salate gedeihen auch sehr gut, vor allem die im Gewächshaus. Nur die Kürbisse wollen nicht, sie haben noch nicht mal gekeimt. Sie mögen mich nicht ☹
Ich werde es aber noch mal versuchen.
Es gibt noch eine gute Nachricht. Es gibt nicht so viele Nacktschnecken wie in den vorigen Jahren. Vielleicht war der milde Winter nicht gut für sie.

- **Zweijährige Ringelblume**

10 Mai 2008

In meinem Garten blühen schon die Ringelblumen! So etwas ist mir das erste Mal passiert, denn die Ringelblumen sind normalerweise einjährig, und sie sind nicht frosthart.
Dieses Jahr war alle anders, wir hatten diesen Winter keinen richtigen Winter. So wurden die Ringelblumen zu zweijährigen Pflanzen.
Das hatte auch eine andere Nebenwirkung: die meisten Nacktschnecken haben es nicht überlebt. Waren es die Vögel oder vielleicht der Igel? Ich bin auf jeden Fall dankbar und meine Salate auch...

- **Die erste Tomate ist da!**

28 Mai 2008

Eine erste Tomate ist da! Mitte Februar habe ich sie ausgesät. Es sind etwas über drei Monate her. Ist sie nicht schön? Und garantiert BIO!!!

- **Meine erste Paprika**

08 Juni 2008

Diese Woche habe ich meine Gartennachbarn richtig neidisch gemacht. Ich habe ihnen meine Paprika gezeigt. Sieht sie nicht toll aus?
Mit dem probieren muss ich aber noch Tage warten. die Paprika muss erst noch rot werden. Ich hoffe, dass sie auch so lecker schmeckt wie sie aussieht.
Es ist die Sorte "Tuba". Ich habe sie Ende Februar ausgesät, dann Mitte April in das Gewächshaus ausgepflanzt. Ich gieße sie alle zwei bis drei Tage, zum düngen habe ich einen universellen Biodünger genommen.
Wenn es weiter so geht, werde ich noch im Juni meine erste eigene Paprika überhaupt probieren!
Ich sage Euch, gärtnern macht Spaß!

- **Gosia's Tierleben!**

24 Juni 2008

Heute habe ich eine neue Insektenart entdeckt! Vielleicht nur auf lokaler, persönlicher Ebene, aber trotzdem! Das zweifarbige Ding, mit Beinen wie bei einer Fliege, ist das erste seiner Art, das ich gesehen habe. Hat jemand eine Ahnung was das ist? Es sieht auf jeden Fall richtig schick aus! Oder?
Ich habe auch einen alten Bekannten getroffen: den Marienkäfer. Er war gerade dabei, meine Margeriten von den Läusen zu befreien. Dafür bin ich ihm dankbar!

- **Ich liebe Tiere!**

29 Juni 2008

Dieses Jahr habe ich gar keine Erdbeeren gehabt. Es ist nicht so, dass ich keine gepflanzt habe. Im letzten Sommer habe ich ein neues Erdbeerbeet angelegt, gedüngt

und gepflegt, Unkraut gejätet und gegossen. Die Pflanzen haben sich prächtig entwickelt und hatten richtig viele Blüten. Ich hatte auf eine gute Ernte gehofft...
Vor einigen Tagen waren einige Erdbeerpflanzen komplett, samt Blätter und Blüten abgefressen. Ich habe mir weiter keine Sorgen gemacht. Ich habe nur gesagt: "Die Tiere wollen auch nur leben, oder? So lange nicht alles abgefressen wird..."
Ich habe es leider zur falschen Zeit ausgesprochen... Einen Tag später waren ALLE Erdbeerpflanzen abgefressen!
Das allesfressende Tier wurde auch gesichtet. Es war ein Reh.
Ich liebe Tiere!!! Trotzdem werde ich nächstes Jahr meine Erdbeeren mit Netzen abdecken.
Das Reh hat auch Geschmack an meinen Rosen, den Sauerampfer, weiße Phloxe und Stachelbeeren gefunden.
Es gibt aber auch eine gute Nachricht: Kopfsalat, Zwiebeln, Kartoffeln, Bohnen, Giersch und Brennesel mag es nicht...

- **Lecker Salat - 100% Bio**

  12 Juli 2008

Heute habe ich mich mit einem leckeren Salat für die gute Gartenarbeit belohnt! Alles aus dem eigenen Garten: Tomate, Paprika, verschiedene Salate, Radieschen, Dill, Schnittlauch. Alles 100 prozentig Bio und ohne Geschmacksverstärker. Auch die Kartoffeln habe ich schon probiert, lecker! Die Ernte ist leider nicht so üppig. Es war zu lange trocken. Der Knoblauch war auch schon mal besser. Die Zwiebeln habe ich schon geerntet. Die Ernte war diesmal besser als voriges Jahr. Die Zucchini entwickeln sich vorbildlich. Nächste Woche werde ich auch die ersten Buschbohnen pflücken. Später kommen noch die Stangenbohnen und der Spitzkohl. Und wie jedes Jahr versuche ich es immer wieder mit Spinat. Ich hoffe es klappt endlich mal.

- ## Die Libelle

5 August 2008

Heute hatte ich Glück! Seit Jahren versuche ich eine Libelle zu fotografieren. Heute habe ich es geschafft!

- ## Ein Herz für Kleintiere

24 August 2008

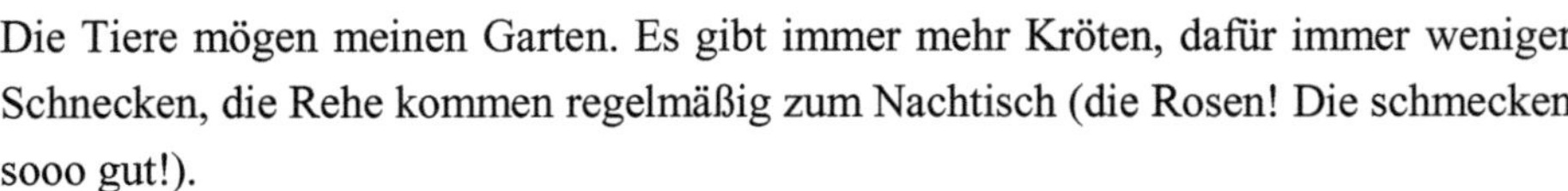

Die Tiere mögen meinen Garten. Es gibt immer mehr Kröten, dafür immer weniger Schnecken, die Rehe kommen regelmäßig zum Nachtisch (die Rosen! Die schmecken sooo gut!).
Aber auch die Molche fühlen sich gut. Die kleine Gruppe wohnt seit Anfang Sommer unter dem Brett neben dem Gewächshaus. Da sie nachtaktiv sind, verstecken sie sich vor der Sonne in dunklen, feuchten Ecken. So ein Brett ist schon ideal. Vielleicht nicht unbedingt schön, dafür nützlich. Ein Steingarten mit versteckten Höhlen zwischen den Steinen ist für viele Tiere ein noch besseres Zuhause. Der Nachteil ist, man kann nicht reingucken. ;-) Ich würde gerne wissen, wer so alles in meinem Steingarten lebt.
So ein Teichmolch ist ein sehr schönes Tier. Leider hat er sehr viele Feinde, z.B. Storche, Reiher, Hühner, auch größere Amphibien fressen sie. Wir Menschen machen es ihnen auch nicht einfach. In einem rausgeputzten Garten, in dem alle Beete perfekt unkrautfrei und sauber sind, hat ein Molch nichts zu suchen. Ein Frosch oder eine Erdkröte übrigens auch nicht...

- ## Die schwarzen Russen kommen!

27 August 2008

Zugegeben, es hat lange gedauert, ein Monat länger als bei den anderen Tomatensorten, ich dachte schon, es wird nix, aber endlich sie sind da! Pflückreif und lecker! Die schwarze russische Tomate! Ich werde sie im nächsten Sommer auch anbauen.

- **Herbst**

12 Oktober 2008

Der Sommer ist mal wieder vorbei. Das macht mich richtig traurig. Der Garten wird herbstlicher und jetzt kommen neue anfallende Arbeiten, und die Vorbereitung auf den Winter auf uns zu.

Unterm Strich ist die Ernte dieses Jahr mäßig ausgefallen. Der Sommer war zuerst sehr trocken, dann hat es wochenlang fast jeden Tag geregnet.

Ich hatte dieses Jahr auch sehr viele ungebetene Besucher, die sich sehr gerne an meinem Gemüse und Obst bedient haben. Die Blumen haben auch nicht so üppig geblüht, sie haben es einfach nicht geschafft! Die Rehe waren schneller. Die Nacktschnecken waren dieses Jahr deutlich weniger als in den vorigen Jahren, die Schmetterlinge aber leider auch.

Eine Sache hat aber sehr gut geklappt. Mein Gewächshaus! Die Tomaten waren so groß und so lecker! Die Paprika süß und saftig und die Peperoni scharf wie die Hölle!

Jetzt habe ich angefangen die Beete auf den Winter vorzubereiten und ich hoffe, dass der Herbst besser wird als der Sommer. Ich habe noch so viel zu tun! Das Laub wird zum Laubkompost verarbeitet, ich habe noch ganz viele Blumenzwiebeln, die gesteckt werden müssen.

Es lohnt sich jetzt auch schon so manche Sommerblumen auszusäen wie z.B. Ringelblumen oder Jungfer-im-Grünen. So werden sie viel früher blühen, als die, die im Frühling gesät werden. Der Teich wird noch ein Mal gereinigt. Die Rosen muss ich nicht mehr schneiden, das haben die Rehe schon erledigt. Ich habe schon ein paar Reihen Winter-Steckzwiebeln gesteckt, die kann man dann schon im Juni ernten. Ich freue mich schon auf den nächsten Sommer!

- **Laubkompost**

02 November 2008

Die Gartensaison ist fast zu Ende. Jetzt ist es Zeit die Gartenarbeiten abzuschließen. Ich habe heute Laubkompost verarbeitet. Das vom vorigen Jahr habe ich auf die Beete ausgebracht und aus dem bislang angesammelten Laub einen neuen Komposthaufen angelegt.

Die meisten Gärtner entsorgen das Laub einfach. Ich finde, es ist eine richtige Verschwendung, denn aus Laub entsteht der feinste Kompost überhaupt! Das

Allerbeste ist Kompost der aus Laub und Rasenschnitt entsteht. Man braucht ihn nicht Mal zu sieben.
Also Leute, versucht es Mal, die Rhododendren und Azaleen werden sich besonders freuen!

• Gärtnern in den vier Wänden

19 Dezember 2008

Der Winter ist schon hart für den Hobbygärtner. Zum Garten kann man nicht, und selbst wenn, ist es zu kalt und meistens auch zu grau Draußen um etwas Vernünftiges machen zu können.
Man kann sich aber ein wenig Garten nach Hause holen. Ich habe mir gestern eine neue Orchidee gekauft. Und dabei habe ich doppelt Spaß. Erstens kann ich versuchen sie über Winter am Leben zu erhalten, was nicht immer einfach ist. Zweitens, kann ich sie fotografieren. Irgendwie muss ich ja die Zeit, bis zur nächsten Gartensaison überbrücken.

• Die ersten Sämlinge

08 Februar 2009

Vor fast 2 Wochen habe ich die ersten Aussaaten gemacht. Als erstes kamen wie immer die Studentenblumen. Die Löwenmäulchen zeigen sich auch. Die Blumen keimen immer sehr zuverlässig.
Dafür wollen die Peperoni überhaupt nicht. Es war die Saat vom vorigen Jahr, trotzdem sollte sie noch gut sein.
Ich habe die Peperoni-Samen in Kamillen-Tee gebadet, so sollen sie besser und schneller keimen. So beschreibt es auf jeden Fall ein im Netz bekannter Ratgeber. Leider haben sie gar nicht besser gekeimt, sie haben überhaupt nicht gekeimt. Ich denke, ich brauche neue Samen ☹.
Heute oder morgen werde ich die Tomaten aussäen. Dieses Jahr werde ich wieder die Schwarzen Russen anbauen, dazu kommen aber noch die Tiger-Tomaten. Mal sehen, ob die so gut schmecken wie sie aussehen! Die Saat habe ich von Freunden bekommen, denn im Gartengeschäft bekommt man so etwas nicht. Dort herrscht die alljährige Langeweile-Auswahl. Ist es Euch auch aufgefallen, dass es in allen

Gartenläden immer wieder, Jahr für Jahr, die gleichen Samen gibt? Und wenn es doch was Neues gibt, kostet es gleich das Dreifache.

- **Die Nacktschnecken-Invasion hat bereits begonnen**

28 Februar 2009

Ich war gestern im Garten. Die Natur entwickelt sich sehr schön, die Schneeglöckchen sind am blühen, die Primeln sind kurz davor. Die Hortensien haben gut überwintert, die Rosen auch.
Leider haben die Nacktschnecken den Winter auch sehr gut überstanden. Nur alleine unter den Brettern, die in meinem Garten zwischen den Gemüsebeeten liegen, habe ich gut 50 kleine Nacktschnecken gefunden. Sie sind noch sehr klein, ca. 1 cm lang, dafür sie sind aber sehr, sehr hungrig.
Ich denke, dieses Jahr werde ich wieder Mal große Invasions-Abwehrmaßnahmen einplanen müssen um Probleme mit den Schnecken zu vermeiden.

- **Frühlingsfarben**

13 März 2009

Sind sie nicht schön, die Farben im Frühling? Die Natur hat es sich gut überlegt. Nach mehreren fast farblosen Monaten zeigt sie sich in vollem Farbspektrum. Nur die Größe der Blumen lässt noch zum wünschen übrig ;-) , alles was jetzt blüht erreicht nicht mal 15 Zentimeter. Manche Blumen sind so zierlich und zerbrechlich wie zu keiner anderen Jahreszeit.
Die größeren Blumen kommen aber bald. Die Tulpen kommen schon raus, die Osterglocken brauchen noch wenige Tage um mit dem Blühen zu beginnen. Danach geht es dann schon alles ratzfatz, wir werden es kaum merken, und plötzlich werden uns die Bauernrosen und Sonnenblumen über die Köpfe wachsen.

- **Frühjahrsputz!**

05 April 2009

Die letzten zwei Tage habe ich im Garten verbracht. Das Wetter war traumhaft schön. Mit meinen Gartenarbeiten bin ich schon ziemlich weit gekommen. Den Rasen habe ich gedüngt und vertikutiert, das Gewächshaus vorbereitet und die ersten Gemüse gepflanzt. Es werden leckere Salate. Die Tomaten und Peperoni bleiben noch paar

Tage zu Hause. Gestern habe ich sogar die Steine in meinem Steingarten geschrubbt. Sie waren so hässlich grau.
Die Vogelhäuschen haben wir schon vor Wochen fertig gemacht, für den Fall das die ersten potenziellen Mieter sie besichtigen möchten. Die sind auch schon auf der Suche. Gestern habe ich sogar den ersten Schmetterling gesehen, es war ein Zitronenfalter.
Leider habe ich auch ersten ungebeten Besucher gesehen: die Zecken. Gestern lief eine über meinem Arm. Glücklicherweise habe ich sie gesehen. Heute beim Unkraut puhlen ist mir eine vollgesaugte Zecke in die Hände gefallen. Es war kein netter Augenblick. Das Schlimme ist, dass sie nicht nur hässlich, sondern auch gefährlich. Das ist aber eine andere Geschichte.
Heute wollen wir uns über den Frühling freuen, oder?

- **Frühjahrs-Ernte**

25 April 2009

In meinem Garten hat schon die erste Ernte begonnen. Als erstes Gemüse habe ich den Sauerampfer geerntet. Vorige Woche habe ich schon eine Sauerampfer-Suppe gekocht. Als nächstes habe ich Radieschen und Salate geerntet. Wir haben noch nicht mal Mai und ich habe schon mein eigenes Gemüse. Nicht schlecht, was?
Bisher haben sich die Nacktschnecken bedeckt gehalten, die Rehe auch. Ich hoffe es bleibt weiterhin auch so ;-)

- **Lecker Gurken**

21 Mai 2009

Dieses Jahr habe ich mich zum ersten Mal dazu entschieden es mit Gurken zu versuchen. Ich liebe Salzgurken, so dachte ich mir, ich muss sie nicht kaufen, ich nehme die aus dem Garten ☺
Die Gurkenpflanzen habe ich selbst vorgezogen. Ich habe sie in der zweiten Hälfte April ausgesät. Es war definitiv zu früh. Die Gurken wachsen sehr schnell.
Ein Teil habe ich dann ins Gewächshaus gestellt, die wurden zu kompakten, starken Pflanzen. Die, die ich auf dem Küchenfenster gestellt habe sind auch groß aber nicht so ganz kräftig. Sie sind mehr in die Länge gewachsen. Die Pflanze auf dem Foto ist aus dem Gewächshausanzucht.

Weil bei uns an der Küste etwas kälter ist als wo anders, habe ich die Gurken auf Folie gepflanzt, in der Hoffnung, dass die schwarze Folie den Boden besser wärmt und vor dem Austrocknung durch den Wind schützt.
Die Gurken brauchen einen extrem nährstoffreichen Boden, so habe ich mit Hornspänen und Bio-Dünger vor dem Pflanzen gedüngt. Jetzt kann ich nur auf die ersten Gurken warten. Ich glaube, ich habe schon die ersten Knospen gesehen!

- **Schneckenpolizei**

31 Mai 2009

Heute möchte ich meinen Freund und Helfer vorstellen: die Kröte. Sie ist vielleicht nicht besonders hübsch dafür aber sehr nützlich.
Die Kröte im Bild wohnt unter einem Brett das ich zwischen Gemüse- und Erdbeerbeet gelegt habe. So hat sie es dunkel und feucht tagsüber, und abends wenn sie Hunger bekommt, ist es nicht weit zur Speisekammer.
Jeder Gärtner weiß, dass die Schnecken Erdbeeren mögen. So hat sich die Kröte einen strategisch perfekten Platz ausgesucht. Sie muss nur einen Sprung machen. Ich finde Kröten toll!

- **Mein Gemüsegarten**

17 Juni 2009

Gemüse ist gesund, das wissen alle. Aber nur wenn das Gemüse selbst auch gesund ist. Das Meiste von dem was man kaufen kann ist gar nicht so gesund. Ehrlich gesagt, ich möchte manchmal gar nicht daran denken was da alles drin steckt. Aber wir Hobbygärtner haben Glück, wir können unsere Gemüse selbst und dazu ganz gesund anbauen. Dafür gibt es eine einfache Methode, es ist die Mischkultur. Man mischt die Pflanzen so miteinander, dass sie sich gegenseitig positiv beeinflussen und beschützen. Der Platz im Beet wird optimal genutzt und der Gärtner kann viele verschiedene Gemüsesorten auf einem Stück gleichzeitig kultivieren. Zum Düngen nimmt man nur Kompost oder andere organische Dünger und keine Schutzmittel. Ist das nicht super? Es kommt nur auf die richtige Mischung an. Auf dem Foto ist eines meiner Beete, ich habe da Zwiebeln mit Salat gemischt, weiter hinten stehen Rote Bete, Buschbohnen (die keimen gerade) und Radieschen.

Wer Interesse hat kann hier mehr über Mischkultur lesen: http://www.kleingaertnerin.de/mischkultur.html

• Bundesgartenschau 2009

13 Juli 2009

Ich war gestern in Schwerin zur Bundesgartenschau 2009. Die Schau wurde in das Gelände rund um das Schweriner Schloss integriert. Es war sehr blumig aber auch sehr "gemüsig". Das Gemüse "durfte" sogar mit in die Blumenbeete. Ein Teil wurde sehr modern angelegt, als "Garten des 21. Jahrhunderts", mit vielen Gräsern, Stauden, zerbrochenem Glas und kleinen Wüstenlandschaften.
Es hat mir sehr gefallen, besonders im Vergleich mit anderen Gartenschauen, die ich bisher gesehen habe.
Die nächste BuGa findet 2011 in Koblenz statt. Die werde ich aber wahrscheinlich nicht mal eben besuchen können. Dafür ist es zu weit weg!

• Brennessel und Schmetterlinge

24 Juli 2009

In diesem Sommer haben wir besonders viele Schmetterlinge im Garten. Der auf dem Foto gehört zur Familie der Edelfalter und heißt Vanessa cardui, auf Deutsch Distelfalter. Seine Raupen leben auf Brennnesseln und Disteln. Die Raupen vom Kleinen Fuchs, dem Landkärtchen und auch vom Tagpfauenauge brauchen ebenfalls Brennnesseln. Seit ich es weiß, lasse ich sie an vielen Ecken im Garten einfach wachsen in der Hoffnung, dass es dann nächstes Jahr noch mehr Schmetterlinge gibt.
Jemand hat einmal gesagt: "Unkraut nennt man die Pflanzen, deren Vorzüge noch nicht erkannt worden sind". Dem stimme ich zu.

• Endlich lecker Gurken!

29 Juli 2009

Sie sind knackig, frisch und so lecker!
Ich habe dieses Jahr zum ersten Mal Landgurken angebaut. Ich liebe Salzgurken, aber es ist gar nicht einfach frische Landgurken zu kaufen. Zum Einmachen müssen sie wirklich frisch sein. So habe ich den Eigenanbau versucht und wie man am Ergebnis sieht, ist das Experiment gelungen!

• Eine gute Ernte

26 August 2009

Die diesjährige Tomatenernte ist hervorragend!
Dieses Mal habe ich die schwarze russische Tomate und die Tigertomate im Gewächshaus angebaut.
Die Schwarze steht sehr gut in Gewächshaus, der Ertrag ist ebenfalls sehr gut, keine Spur von Tomatenfäule. Dafür mag die Tigertomate das Treibhaus überhaupt nicht. Alle drei Pflanzen sind stark von der Tomatenfäule befallen, die Früchte schaffen es jedoch zu reifen. Eine Tigertomate die bei mir auf dem Balkon steht und den ganzen Sommer über den warmen aber auch sehr regnerischen Wetter ausgesetzt war, zeigt nicht Mal eine Spur von Fäule.
Auch die Kartoffeln sind sehr gut geworden. Nicht unbedingt groß aber gesund, ohne irgendwelche Probleme oder Krankheiten.
Die Gurken waren eine Überraschung. Ich hätte niemals gedacht, dass es so gut klappt. Ah ja, und die Peperoni, die sind besonders scharf geworden und die Zucchini sehr zahlreich. Die Nachbarn haben sich auch darüber gefreut. ☺
Dafür wollten dieses Jahr die Buschbohnen überhaupt nicht wachsen und der Knoblauch auch nicht. Die Sommersalate haben es nicht weit geschafft. Sie sind den Schnecken zum Opfer gefallen. Aber insgesamt war die bisherige Ernte wirklich gut.

- **Ein Traum von Orchidee**

06 September 2009

Dieses Wochenende hat in Kiel eine Internationale Orchideenschau im Botanischen Garten stattgefunden. Es war die schönste Ausstellung die ich bisher gesehen habe. Die Vielfalt war enorm. Da ich leider die Schönheit einer Orchidee nicht beschreiben kann (wer kann das schon?) habe ich ganz viele Fotos gemacht. In wenigen Tagen werden sie auf meiner anderen Webseite zu sehen sein: www.hobby-fotografin.de

- **Schade um die Äpfel**

09 Oktober 2009

Letzte Woche war es bei uns ziemlich stürmisch. Leider sind dabei ganz viele Äpfel vom Baum gefallen. Sehr schade darum, gerade auch weil ich die schönsten unter dem Baum gefunden habe. Leider konnte ich sie nicht mehr retten. Auch nicht für Saft. Nach zwei Tagen Regen waren sie schon verfault. Es waren ganze zwei Schubkarren voll, die ich wegwerfen musste.

Schade um die Äpfel, aber das ist noch nicht alles. Was tut man mit solchen Äpfeln, die man nicht essen kann? Über dem Kompost kann man Äpfel nur in kleinen Mengen entsorgen. Liegen lassen geht auch nicht.

Von meiner Nachbarin habe ich gehört, dass man solche Äpfel vergraben kann. Danach muss die Stelle gekalkt werden. So habe ich es dann auch gemacht. Ob es wirklich wirkt, wird sich dann zeigen.

Glücklicherweise sind noch ein paar Äpfel am Baum hängen geblieben. Heute habe ich Saft daraus gemacht.

- ## Laubkompost

25 Oktober 2009

Letztes Jahr im November habe ich über Laubkompost geschrieben. Ich habe damals zum ersten Mal Laubkompost gemacht. Gestern habe ich ihn auf meine Beete ausgebracht. Dazu muss ich sagen, das Experiment ist gelungen, es war der beste Kompost überhaupt. Feinkrümelig, gut durch geröttet und müsste gar nicht gesiebt werden. Einfach super. Besonders überraschend war, dass auch das Eichenlaub gut verrottet ist. Allerdings muss ich dazu sagen, dass ich den Kompost in einem Thermo-Komposter gemacht habe.
Hier findet ihr genaue Beschreibung wie der Laubkompost gemacht wird: http://www.kleingaertnerin.de/duengen.html#Laubkompost.
Das Thema ist gerade jetzt sehr aktuell, da schon ordentlich Laub gefallen ist.
Also anstatt das Laub mit dem Müll zu entsorgen, macht euch den Laubkompost!

- ## Zeit für Kaltkeimer

11 Januar 2010

Man könnte meinen, jetzt kann der Hobbygärtner nur Kataloge wälzen und auf den Frühling warten. Es stimmt, aber nicht ganz so 100%ig. Es gibt doch etwas für den Hobbygärtner, was er machen kann ☺.
Jetzt ist die beste Zeit Kaltkeimer auszusäen.
Kaltkeimer sind Pflanzen, deren Samen eine Kälteperiode brauchen, um keimfähig zu werden. Es müssen nicht unbedingt gleich tiefe Minustemperaturen sein, es reichen schon zwei Wochen unter 5 Grad plus.
Manche Blumen kann man schon im Herbst direkt in die Beete aussäen, die anderen kann man im Januar in mit Erde gefüllte Kasten aussäen und dann für vier bis sechs Wochen nach draußen stellen. Danach kann man den Kasten in der Wohnung warm und sonnig aufstellen. Denn nach der Kälteperiode brauchen die Samen Wärme um zu keimen, und in der Wohnung keimen sie früher, oder wir lassen sie gleich draußen und warten bis die Samen ganz von alleine in der warmen Frühlingsonne zur normalen Zeit keimen.
Zu den Kaltkeimern gehören: Adonisröschen, Alpendistel, Bärlauch, Christrose, Clematis alpina, Duftveilchen, Edelkastanie, Eisenhut, Engelwurz, Enzian, Frauenmantel, Geißbart, Gewöhnliche Kuhschelle, Glockenblume, Haselnuss,

Hartriegel, Heidekraut, Herbstzeitlose, Himmelschlüssel, Iris, Kastanie, Lampionblume, Lavendel, Lilien, Mohn, Nieswurz, Pfingstrose, Pflaume, Phlox (großblumig), alpine Primeln, Roter Sonnenhut, Silberkerze, Scheinmohn (blau), Scheinquitte, Schleifenblume, Schlüsselblumen, Steinbrech, Steppenkerze, Tränendes Herz, Traubenhyazinthe, Tulpen, Veilchen, Waldmeister, Weinraute, Wolfsmilch, Zaubernuss, Zierlauch.

- **Die erste Aussaat**

04 Februar 2010

Für mich hat heute die neue Gartensaison angefangen. Ich habe gerade Paprika, die Sorte "Tuba" ausgesät. Ich hatte sie schon vor zwei Jahren gehabt. Rot, fest, knackig und süß. Richtig lecker. Und zu Verschönerung meines Gartens habe ich Löwenmäulchen ausgesät. Sie brauchen ziemlich lange von der Aussaat bis zur Blüte. So habe ich mir gedacht, dass heute der perfekte Tag ist, zumindest subjektiv. Laut Mondkalender heute ist ein Wurzelgemüse-Tag, ab morgen sind Blumen dran und mit der Paprika müsste ich eigentlich bis Dienstag warten. Ich muss jetzt hoffen, dass meine Aussaat sich nichts aus dem Mond macht und trotzdem schön keimt ☺

- **Blattläuse**

05 März 2010

Die Gartenzeit hat noch nicht mal richtig angefangen und ich habe mich schon geärgert. Kaum waren die kleinen Paprika-Pflänzchen 2 cm groß, sind sie sofort von Blattläusen überfallen worden. Ich habe es gerade so geschafft sie zu retten, dafür sind die kleinen Löwenmäulchen, weil sie so empfindlich sind, alle eingegangen ☹ Die Tomaten und die Studentenblumen habe ich auch schon ausgesät. Ich hoffe nur, dass ich die Blattläuse in den Griff bekomme. Es war das erste Mal, so schlimm. Ich habe auch überlegt, woher sie kommen. Ist es möglich, dass ich die Blattläuse mit der Aussaaterde eingeschleppt habe???

• Schnee

13 März 2010

Ich war heute im Garten. Dass ich noch Schnee vorfinden würde, habe ich gewusst. Aber dass es noch so viel ist, hätte ich nicht gedacht. Der Teich war auch komplett mit Eis und Schnee bedeckt. An den Stellen, wo der Schnee geschmolzen ist, habe ich deutliche Spuren der Verwüstung entdeckt, die Wühlmäuse hinterlassen haben. Unzählige Löcher, der Rasen teilweise komplett kaputt. Es hat ausgesehen, als ob die Wühlmäuse direkt unter dem Schnee anstatt in der Erde ihre Tunnel gebaut haben.
Natürlich waren auch die Rehe da. In den nächsten Tagen, sobald es etwas wärmer wird, werden wir den Zaun höher machen. Ich will endlich wieder meine Rosen blühen sehen. Seit Jahren haben die Rehe es geschafft, die Rosenknospen, immer kurz vor der Blüte, zu verspeisen. Ah ja, die Phloxe habe ich auch seit Jahren nicht mehr blühen gesehen.

Für den Anfang muss ich mich mit den Krokussen zufrieden geben. Die Osterglocken haben gerade mal so zwei Zentimeter geschafft und die Primeln denken noch nicht dran, sich zu zeigen. An den anderen Pflanzen sind nicht mal die Knospen zu sehen ☹

Aber Leute, Ende nächste Woche soll es wieder wärmer werden!

• Endlich Frühling!

31 März 2010

Hallo Leute, das ist doch was! Vor zwei Wochen noch Schnee und jetzt Krokusse, Osterglocken und Schneestolz. Es ist noch nicht so richtig warm, die Natur hat sich aber trotzdem für den Frühling entschieden. Heute habe ich auch den ersten Molch gesehen, und die Tage waren schon Schmetterlinge unterwegs. Ein Zitronenfalter und der Kleine Fuchs wurden bereits gesichtet. Die ersten Hummeln fliegen auch schon herum.

Das Ganze hat aber auch einen Nachteil. Die Nacktschnecken sind auch schon da und gar nicht so wenige. Sie sind noch ganz klein, alle unter 1 cm, man kann sie kaum sehen, sie sind aber da! Man muss sich nur vorstellen, wie viel so eine Schnecke gefressen hat, bis sie ausgewachsen ist. Und wenn ich nur daran denke, dass es mein Gemüse ist, was sie fressen... Es ist Zeit das Kriegsbeil auszugraben. Der alljährliche Krieg gegen Nachtschnecken hat begonnen!

- **Schönes Wetter muss man nutzen!**

18 April 2010

Ja, ich habe das tolle Wetter in den letzten Tagen voll ausgenutzt. Die Kartoffeln sind gelegt, Zwiebeln gesteckt, Rasen gemäht, der Teich gereinigt...
Ich habe in den letzten zwei Wochen wirklich sehr viel gemacht. Ich habe sogar schon das erste Mal geerntet! Es war aber nur Schnittlauch ;-) Ich hoffe auch, in ein paar Tagen meine ersten Salate ernten zu können. Sie sehen so knackig aus! Zwischen den Salaten habe ich eine Reihe Radieschen ausgesät. Die passen sehr gut zueinander. Die Radieschen sind auch ein sehr guter Partner für die Kartoffeln. Ein paar Salate habe ich, wie in den anderen Jahren auch, zwischen die Erdbeeren ausgepflanzt. Zu den Speisezwiebeln säe ich immer Dill aus. Es ist auch ein gutes Paar.

- **Wie viele Schnecken frisst eine Erdkröte?**

29 April 2010

Ist die Kröte nicht süß? Ich würde sie zwar nicht küssen, aber ich würde sie sehr gerne umarmen. Bei einer aktuellen Größe von ca. 3 cm leider nicht möglich. ;-)
Aber gute Freunde umarmt man doch gerne, oder nicht?
Erdkröten sind unsere wichtigsten Helfer im Garten. Sie reduzieren die Zahl der Nacktschnecken und auch anderer Ungeziefer. Je größer der Hunger, desto weniger Schnecken. Man muss sich nur vorstellen, wie viele Schnecken die Kröte bis zum Herbst frisst, und dann zum Vergleich, wie viel die Schnecken fressen würden, wenn sie nicht von der Kröte gefressen werden???

Ja, ich weiß, ich wiederhole mich. Jedes

Jahr um dieser Zeit schreibe ich, wie toll Erdkröten sind, nicht schön, dafür aber nützlich. Ich bin mir auch sicher, dass ich in den nächsten Jahren wieder über Erdkröten schreiben werde. Sie haben es nicht leicht. Die meisten Menschen sagen, wenn sie eine Kröte sehen: brrr... ist sie hässlich. Ein grüner Frosch hat es schon eine Ecke leichter. Den will hin und wieder mal jemand küssen...

- **Aurorafalter**

10 Mai 2010

Seit Jahren habe ich versucht den Aurorafalter zu fotografieren. Erst heute habe ich es geschafft. Es liegt daran, dass der Schmetterling nichts anderes macht ausser flattern. ;-)
Er fliegt und fliegt und fliegt... Nicht wie manche andere Schmetterlinge. Er macht so gut wie nie eine längere Pause zum Futtern. Nur von einer Blüte schnell auf die andere. Wie soll man da ein gutes Foto machen? Dazu kommt das er nur kurz im April und Mai fliegt. Auf dem Bilde ist ein Männchen, das die schönen orangenen Flecken auf den Flügeln hat. Das Weibchen ist dann weiß gefärbt. Leicht mit dem Kohlweißling zu verwechseln. Die Aurorafalter sind Einzelgänger. Leider gibt es nicht viele davon, wirklich schade. Als Futterpflanze mögen sie ausgesprochen gern Kreuzblütler, wie das einjährige Silberblatt (Lunaria annua) oder Wiesenschaumkraut (Cardamine pratensis).
Ich verspreche, ich werde diese Pflanzen nicht mehr aus dem Garten verbannen. Ich hoffe dann auf mehr Aurorafalter in der Gegend. Und jetzt mache ich mich auf die Suche nach dem Gemeinen Bläuling!

- **Blumen von Madeira**

12 Juni 2010

Ich war ein paar Tage im Urlaub auf Madeira. Die Insel ist berühmt für ihre Fülle an Blüten. Zu recht.
All die Blumen, die wir hier teuer kaufen müssen, wachsen dort einfach am Straßenrand. Je nach Jahreszeit, 2 Meter hohe Hortensien und Weihnachtssterne, Gladiolen, Montbretien, Schmucklilien, wilde Orchideen, Margeriten und viele andere Blumen und Sträucher. Und dazwischen Kapuzinerkresse. Dort gedeiht anscheinend alles!

Gemüsegärten gibt es auch. Weil es auf der Insel kaum Flachland gibt, werden kleine Terrassen am Hang angelegt und dort Gemüse angebaut. Der Platz ist knapp, so wird Mischkultur im großen Stil angewendet. Jeder Quadratzentimeter wird genutzt. Die Gärtner dort sind die Weltmeister im Lücken füllen ;-) Ich habe Weißkohl zwischen dem Mais, Stangenbohnen und Kartoffeln gesehen.
Auf einer Fahrt mit einer Seilbahn, habe ich eine Kleingartenanlage (glaube ich) von oben gesehen. Die Gärten waren aber wirklich sehr klein.
Ich hätte sehr gerne einen Garten auf Madeira. Das wäre Beschäftigung das ganze Jahr hindurch.

• Wozu ist der Schnittlauch gut?

15 Juni 2010

Klare Sache, für den Frühlingsquark! Aber auch für die Hummel. Denn sie lieben den Nektar der Schnittlauchblüte. Komisch, da die Schnittlauchblüte gar nicht riecht, und auch keinen Nektar hat, zumindest habe ich nichts gesehen ;-)
Hier fragen manche, was ist eine Schnittlauchblüte? Ganz einfach, wenn der Schnittlauch gar nicht geschnitten wird, wird er, wie jede andere Zwiebelart auch, eine Blüte bekommen.
Während der Blütezeit beachten die Hummeln kaum eine andere Pflanze. Sie haben nur noch den Schnittlauch im Kopf. Wer die Insekten fotografieren will, muss sich gar nicht bemühen. Die Tierchen sind so mit dem Futtern beschäftigt, dass sie den Fotografen überhaupt nicht beachten, Also Leute, nutzt die Zeit um schöne Hummelfotos zu machen. Ich habe heute sogar drei Hummelarten gleichzeitig gesehen. Dazu noch einen Schmetterling und eine Wespe.
Bei nächster Gelegenheit erzähle ich wozu die Hummeln gut sind, oder weiß es schon jeder?

• Herzlich willkommen Susi!

26 Juni 2010

Mein heutiges Thema hat ausnahmsweise nichts mit dem Garten und seinen Bewohnern zu tun. Aber ich freue mich so

sehr über die Susi, dass ich sie auch euch allen zeigen möchte.
Sie ist gestern zu uns gekommen, ist 8 Wochen jung, wiegt 800 Gramm und ist sooooo süß! Ich hoffe, dass sie mit uns und dem Kater Kleks glücklich wird.

- ## Trockenheit

04 Juli 2010

Bei uns hat es seit mehreren Tagen nicht mehr geregnet. In der vorigen Nacht gab es in der Nähe Regen und Gewitter. Bei uns ist nicht mal ein Tropfen runtergekommen. Langsam ist die Zeit gekommen einen Regentanz zu machen. Wenn ich nur wüsste wie?!
Bei Temperaturen von über 30 Grad trocknet der Boden sehr schnell aus. Im Gewächshaus waren es gestern 43 Grad! Selbst die Steingartenpflanzen sehen sehr vertrocknet aus. Der Vorteil ist, dass die Nacktschnecken weniger werden.
Um die Austrocknung des Bodens zu verlangsamen, verteile ich nach dem Rasenmähen den Rasenschnitt zwischen den Pflanzen. Es hilft auch das Unkraut zu unterdrücken. Ob Blumen oder Gemüse, den trockenheitsempfindlichen Pflanzen hilft es sehr. Zusätzlich düngen wir damit den Boden auch ein bisschen, denn der Rasenschnitt beinhaltet ein Menge Stickstoff. Zwei Fliegen auf einen Schlag sozusagen. Eigentlich drei, weil wir so auch kein Problem damit haben, wo der Rasenschnitt hin soll.
Ach ja, ich wollte noch unbedingt über die Ernte Berichten. Ich habe zu ersten Mal Brokkoli gehabt. Die sind richtig lecker geworden. Salate und Rote Bete sind auch gut geworden. Leider ist mit den Gurken nichts geworden. Eine Pflanze nach der anderen geht ein. Mit den Erdbeeren war es auch nichts. Irgendwas mache ich da falsch. Ich werde in diesem Jahr auf jeden Fall auf eine anderem Beet neue Erdbeeren pflanzen.

- ## Zecken - die gefährlichsten Gartenbesucher

23 Juli 2010

Die Zecke auf dem Foto hat vorgestern extra auf mich gewartet. Sie und noch eine weitere Zecke haben sich einen Platz auf der Unterseite der Armlehne meiner Gartenliege gesucht.

Pech für die Zecken, Glück für mich: an dem Tag wollte ich die Gartenliege saubermachen.
Dieses Jahr ist es in meinem Garten besonders trocken. Einen richtigen Regen haben wir schon seit Wochen nicht mehr gehabt. So wandern die Zecken immer weiter nach oben. Und leider gibt es keinen Regen, der sie von den Pflanzen abspülen würde.
Man muss sich wundern, woher die Zecken kommen. Eigentlich ist es aber ganz klar: wir bekommen oft mal tierischen Besuch im Garten. Mal ein Kaninchen, und öfter (leider) mal ein Reh. Sie alle tragen die eine oder andere Zecke mit sich. Und so manche Zecke entscheidet sich ganz spontan, in meinem Garten zu bleiben. So habe ich hin und wieder einen Zeckenbiss. Bisher hatte ich noch Glück, ich habe sie immer gesehen, bevor sie sich voll gesaugt haben und konnte sie rechtzeitig rausziehen. Trotzdem sie sind gefährlich. Leider man kann zurzeit nicht mal in der eigenen Gartenliege schlafen, ohne dass man von den Biestern überfallen wird.

- **Erdbeeren**

01 August 2010

Gestern habe ich paar neue Erdbeerpflanzen gekauft. Die Sorten Mieze Schindler und Polka.
Interessant ist, dass die Mieze Schindler andere Erdbeerarten braucht um befruchtet zu werden. Das habe ich nicht gewusst. Ich dachte bisher, dass alle Erdbeersorten selbstbefruchtend sind.
Dieses Jahr wurde es nichts mit den Erdbeeren. Erstens war es viel zu trocken und zum zweiten, haben die Mäuse einen besonderen Appetit auf Erdbeeren gehabt. Sie haben sich gut bedient. Bei mir und bei allen Nachbarn. Man muss sich fragen, warum so ein plötzliches Interesse für die Erdbeeren. In den anderen Jahren war es noch nie so schlimm.
Ich hoffe, im nächsten Jahr wird es eine bessere Ausbeute geben, nicht nur für die Mäuse.
Dafür war die bisherige Buschbohnen- und Zucchiniernte sehr gut. Die Buschbohnen sind dieses Jahr besonders lecker. Bohnen mögen es trocken, also ist es ein perfektes Jahr für sie geworden.
Für alle anderen Pflanzen ist es zu trocken. Bei uns hat es in den letzten 2 Monaten extrem wenig geregnet. Woanders Überschwemmung, und hier Trockenheit. Normal ist es nicht.

• Was bin ich?

06 August 2010

Heute hatte ich das Glück in meinem Garten wieder eine mir unbekannte Spezies zu entdecken. Ca. 6 mm lang, türkisgrün und überhaupt nicht menschenscheu. Das Ding ist mir zugeflogen und auf meiner Hand gelandet.
Ich möchte gerne wissen was das für ein Tierchen ist, ich habe sowas wirklich noch nie gesehen.
Ansonsten war die Fotoausbeute am heutigen Tag sehr gut.
Heute sind ein paar Libellen geschlüpft, aber um die zu fotografieren braucht man wirklich viel Glück. Die Frösche haben sich in Pose gestellt. Es sind auch ausgesprochen viele Schmetterlinge unterwegs gewesen. Ich habe insgesamt fünf Sorten gesehen, dabei waren das Große Ochsenauge, der Kleine Fuchs, das Tagpfauenauge, der Kohlweißling und der Zitronenfalter. Gar nicht so schlecht für einen Tag.

• Gelbe Tomaten

21 August 2010

Ich habe dieses Jahr gelbe Tomaten gepflanzt. Leute, die sind lecker!
Leider ist das Wetter bei uns nicht so besonders. Seit Tagen regnet es fast jeden Tag und die Sonne zeigt sich ziemlich selten. So werden die Tomaten gar nicht reif. Die Paprika will auch nicht reifen. Ich denke, uns fehlt einfach die Sonne.
Dafür sind die Buschbohnen und Zucchini ganz glücklich mit dem Wetter. Wir essen in den letzten Tagen ganz oft Bohnen und Zucchini. ☺
Die Rote Bete wäre auch schon groß, hätten die Kaninchen sie nicht abgefressen. Und die Sonnenblumen wären auch schon reif, wären sie nicht von Vögeln gefressen worden. Ach ja, meine Peperoni wären auch schon reif, wären die Nacktschnecken nicht schneller gewesen. Ein Kleingärtner ernährt eine ganze Menge Tiere. Freiwillig oder nicht. ;-)

• Etwas Frühling im Herbst

14 Oktober 2010

Der Herbst ist längst da. Jetzt gibt es im Garten wieder extrem viel zu tun. Ich versuche auch alles nachzuholen, was ich im Sommer nicht gemacht habe. Aber alles schaffe ich bestimmt nicht.

Meine Gemüsebeete habe ich fast alle auf den Frühling vorbereitet. Ich habe überall wo ich konnte Gründüngung ausgesät. Dort können sich jetzt kaum noch Unkräuter breit machen, denn der Senf ist schon ganz groß. So habe ich dann im Frühling wirklich ein leichtes Spiel. Das Abgestorbene räumen, und zack, das Beet ist fertig.

Momentan kämpfe ich auch mit dem Giersch in den Blumenbeeten. Ich weiß, den Kampf kann man nicht gewinnen. Ich versuche es aber trotzdem.

Das Laub kommt auch schon runter. Das werde ich teilweise zum Laubkompost verarbeiten, zum Teil damit die Beete bedecken. Es gibt nichts Schlimmeres als wenn ein Beet über den Winter ganz offen liegt. Der Boden trocknet aus, das Leben verschwindet. Das ist Erosion, die sehr leicht zu vermeiden ist. Man kann auch halb verrotteten Kompost auf die Beete ausbringen, Laub mit Rasenschnitt vermischt ist auch geeignet.

Als nächstes kommt der Baumschnitt. Aber das ist ein Kapitel für sich. So, momentan genieße ich den Frühling in meinem Garten, in Form einer Primel, die jetzt so süß blüht und mich an den Frühling erinnert.

• Winter im Herbst!

28 November 2010

Es lässt sich nicht ändern, wir haben Winter! Noch vor einer Woche habe ich im Garten gearbeitet. Ich habe die Wassertonnen geleert, das Laub geräumt und ein paar Sträucher umgepflanzt. Ein Glück, dass ich alles geschafft habe, denn wer hätte gedacht, dass der November so viel Schnee mitbringt?

Also liebe Hobbygärtner, jetzt müssen wir die Zeit bis zum Frühling irgendwie durchhalten. Ich werde neue Pläne für die Gemüsebeete machen. Natürlich alles nach den Regeln der Mischkultur! Wer auch Lust hat, damit anzufangen.

• Schnee ohne Ende

05 Dezember 2010

Ich war heute im Garten. Wirklich! Bei uns liegt ganz viel Schnee. Deshalb wollte ich den Schnee von dem Dach des Gewächshauses runter schieben. Es war schon eine ganz dicke Schicht drauf. Letztes Jahr gab es noch mehr Schnee, wir haben das Gewächshaus nicht rechtzeitig vom Schnee befreit und dann ist eines Tages das Dach eingebrochen. Es war eine Haufen Arbeit es zu reparieren. Bei der Gelegenheit haben wir einen Schneemann gebaut! Damit haben wir dann auch den Gartenweg freigerollt. Er soll jetzt auf den Garten aufpassen.

• Der Frühling kommt bald...

15 Februar 2011

Der Winter ist immer noch voll in Gange. Bei uns hat es wieder geschneit den ganzen Tag. ☹

Trotzdem hoffe ich, bald wieder etwas im Garten zu machen. Zu Hause habe ich auf jeden Fall schon angefangen. Ich habe Peperoni, Paprika und Löwenmäulchen ausgesät. Sie haben schon gekeimt. Für den besseren Wuchs werde ich sie für paar Stunden täglich unter die Lampe stellen. Bis sie in das Gewächshaus können, dauert es noch ein paar Wochen. Die Tage werde ich noch Salate und vielleicht die Tagetes aussäen. Ich muss noch genau planen was wo gepflanzt wird. Jedes Jahr aufs Neue ist das puzzeln angesagt. Aber im Grunde genommen ist die Mischkultur gar nicht so kompliziert. Die richtige Fruchtfolge sollte man aber schon beachten. Nur so bleibt der Boden fruchtbar und gesund. Als eine Kur für zwischendurch kann man die Ringelblumen aussähen oder zwischen den Gemüsereihen ein paar Tagetes auspflanzen. Aber wie alle wissen, Vorsorge ist besser als Nachsorge, auch im Garten. Besonders wichtig ist die Fruchtfolge bei folgenden Gemüsearten: Kohlgewächse, Lauch, Zwiebeln, Karotten, Erbsen, Kartoffeln und Petersilie. Es müssen mindestens 3 Jahre dazwischen legen. Falls es trotzdem zu einem Befall durch Kranheiterreger kommt, verlängert sich die Zeit um weitere Jahre, in manchen Fällen bis 7 Jahre.

- ## Alle Jahre wieder: Der Anfang

09 März 2011

Seit ein paar Tagen haben wir keinen Frost mehr. So konnte ich endlich im Garten anfangen. Die Gemüsebeete konnte ich zwar noch nicht bearbeiten, da der Boden noch halb gefroren war. Aber ich habe das Gewächshaus vorbereitet und gestern die ersten Salate gepflanzt. Ich hoffe, es bleibt ein paar Tage warm, dann werden sie besser anwachsen.
Ich habe auch angefangen die Blumenbeete vom Unkraut zu befreien. Dabei habe ich ganz viele Mäuselöcher entdeckt. Allerdings waren es nicht so viele wie ein Jahr davor.
Die Peperoni auf der Fensterbank entwickeln sich super, dafür ist die Paprika nicht so schön. Komisch, denn sie stehen nebeneinander, für die Aussaat habe ich dieselbe Erde benutzt, und alle werden gleichzeitig gegossen. Na ja, da kann ich nur hoffen, dass die Paprika noch aufholen.
In den nächsten Tagen soll es wieder regnen, etwas schade, denn ich habe richtig Lust auf Gartenarbeit.

- ## Ein erster Frühlingstag!

14 März 2011

Gestern haben wir einen schönen Frühlingstag gehabt. Ich habe den ersten Zitronenfalter in diesem Jahr gesehen. Er ist durch meinen Garten geflattert als wäre es Mai und mindestens 20 Grad warm. Was für ein toller Anblick! Die Bienen waren auch schon unterwegs. Da noch nicht so viel blüht, haben sie nicht so große Auswahl an Futter, meine Krokusse haben sie auf jeden Fall gemocht.
Im Gewächshaus waren es gestern ganze 22 Grad! Wie herrlich! Die Salate sind schon am wachsen. Die Paprika und Peperoni werden erst im April dorthin umziehen. Bis dahin müssen sie auf der Fensterbank in meiner Küche warten. Die Peperoni habe ich am Samstag pikiert. Sie haben schon das dritte Paar Blätter und entwickeln sich prächtig. Die Tomaten sind noch ganz klein, ca. 5 cm, aber ich denke, sie holen es nach. Ich habe sie erst vor drei Woche ausgesät.
Über das Wochenende habe ich die meisten Gemüsebeete vorbereitet. Und in den Blumen habe ich auch mit dem Frühlingsputz angefangen. Schade nur, die

kommende Woche soll deutlich kühler werden, kaum über 5 Grad aber danach kommt bestimmt der Frühling und er bleibt dann auch ☺

- **Ich bin schon fast fertig!**

10 April 2011

Wir haben gerade den 10. April und ich habe schon fast alles gemacht. Ich war noch nie so weit wie in diesem Jahr. Das Wetter war relativ gut, sonnig mit etwas Regen, dazu teilweise richtig warm. So hat man auch Lust auf die Gartenarbeit. Aber nicht nur ich habe es so eilig. Die Nacktschnecken sind schon da, und die Zecken auch. Gerade gestern habe ich schon eine gehabt.
Es tut sich auch sehr viel im Flugverkehr. Die Schmetterlinge und Bienen sind schon seit einigen Tagen unterwegs. Ich habe auch sehr viele verschiedene Vogelarten beobachtet, die ich in vorigen Jahren gar nicht gesehen habe. Die Frösche sind auch schon gesichtet, bzw. gehört worden. Ich denke, es wird ein "tierreiches" Gartenjahr. Ehrlich gesagt, auch das eine oder andere Tier würde ich schon gerne verzichten. Ich hoffe, wir haben nicht ganz so viele Rehe im Garten. Bislang wurden noch keine gesichtet. Ich möchte gerne wieder mal meine Rosen blühen sehen. Die Nacktschnecken, Wühlmäuse und Zecken würde ich gerne aus meinem Garten verbannen, aber wie??? Ich habe schon alles Mögliche versucht.

- **Ich habe eine Schlange gesehen...**

19 April 2011

...und sie war gar nicht wie unsere heimischen Schlangen. Ich habe sie in unserer Gartenanlage gesehen. Es war früher Nachmittag, sie hat gerade den Weg überquert. So konnte ich den Kopf nicht mehr sehen. Der Rest war aber äußerst interessant. Blau-grün-grau mit Streifen an der Seite. Nicht besonders dick, ungefähr so wie eine Ringelnatter. Leider konnte ich kein Foto machen. Ob sie aus einem Terrarium abgehauen ist? Oder war es keine Schlange, sondern nur das Endstück eines Kleingartenmonster?
☺

- **Frischer Salat ist sooo lecker!**

05 Mai 2011

Der Salat ist dieses Jahr besonders schön geworden. Ende März habe ich ihn im Gewächshaus gepflanzt, jetzt 6 Wochen später ist er fertig! Und lecker ist er, das müsst ihr mir glauben.

Die Kartoffeln kommen schon raus und die Zwiebeln stehen auch sehr gut.

Ich hoffe, das andere Gemüse wird sich auch so schön entwickeln. Sicher bin ich mir aber nicht. Bei uns hat es in den letzten Wochen fast überhaupt nicht geregnet. In den letzten 4 Wochen haben wir bei uns in Kiel gerade mal 4 mm Regen gehabt. Eine Besserung ist nicht in Sicht. In den nächsten Tagen soll es ein schönes sonniges Urlaubswetter geben. Die meisten freuen sich sehr darüber. Mir wäre ein kleines bis mittleres Gewitter lieber. Der Natur bestimmt auch...

- **Was für Schweine!**

09 Mai 2011

Ich war gestern im Tierpark Arche Warder. Es ist Europas größter Tierpark für seltene und vom Aussterben bedrohte Nutztier-Rassen, unter anderem auch Schweine. Und gerade die haben es mir so angetan. Wie die auf dem Bild. Ist das nicht eine wahre Geschwisterliebe? Es gab auch andere Tierbabys wie kleine Ziegen und Schafe. Leider gab es keine von meinen Lieblingsschweinen zu sehen, den Wollschweinen. Die sehen besonders lustig aus. Man muss sich vorstellen, ein Schwein verkleidet als Schaf. ☺ Dafür gab es die rot-weißen Husumer Protestschweine und ein paar andere seltene Tiere

• Lasst sie fressen!

02 Juni 2011

Wir alle mögen Schmetterlinge, oder? Besonders wenn sie groß und bunt durch unsere Gärten flattern. So ein Zitronenfalter oder Admiral ist schön anzusehen. Die Nachtfalter werden schon weniger gemocht. Sie sind auch nicht so hübsch und wehe, wenn einer in das Schlafzimmer reinfliegt! Aber am wenigstens werden die Raupen gemocht. Raupen werden immer gleich beschuldigt Vielfraße zu sein und vielfach vernichtet. Dabei sind die meisten total unschuldig. Denn jede Schmetterlingsart braucht eine bestimmte Futterpflanze. Viele Schmetterlinge brauchen als Raupen Brennnesseln, der Distelfalter, wie der Name schon sagt, mag Disteln. Die Raupe auf dem Foto, wird Mal ein Königskerzen-Mönch, die Raupe frisst sich gerade durch die Königskerzenblätter. Guten Appetit!

• Ein Traum von Garten

13 Juni 2011

Ich war heute wieder mal im Botanischen Garten in Kiel. Es ist sehr schön dort. Es gibt dort Treibhäuser mit vielen Klimazonen, von Gobi-trocken bis Nebelwald-kühl. Alle zwei Jahre gibt es dort eine große Schmetterlingsschau. Ich habe sie schon zwei Mal besucht, dieses Jahr gibt es sie wieder.
Ansonsten gibt es im Botanischen Garten auch Gemüse, Blumen, seltene aber auch ganz gewöhnliche Bäume, sehr viele schöne Rosen. Unter anderem die seltene grüne chinesische Rose, die ich schon mal gezeigt habe.
In dieser Zeit sind die Blumen besonders schön, wie der blaue Mohn oder die ganz vielen verschiedenen Primelarten, und, und, und...
Solltet ihr mal in Kiel sein, besucht den Botanischen Garten, es lohnt sich wirklich.

• Endlich blühen die Rosen

29 Juni 2011

Meine Rosen blühen! Für die meisten ist es nichts Außergewöhnliches. Das Blühen ist doch das einzige, was Rosen so zu tun haben ;-)
Für mich ist es aber doch etwas Besonderes. Denn ich sehe meine Rosen zum ersten Mal wieder blühen, seit den letzten vier oder fünf Jahren. Wir hatten Rehe in unserer Kleingartenanlage und die haben uns alles abgefressen. Rosenknospen, Phloxe, Erdbeerpflanzen, Sauerampfer und alles andere, was ihnen geschmeckt hat.
Wir alle mögen Tiere sehr, aber davon waren wir schon alle genervt. Wir haben diverse "Reh-Abwehr-Techniken" entwickelt, jedoch hat keine was gebracht. Dieses Jahr im Frühling habe ich noch Fußabdrucke gesehen, aber danach waren sie nicht mehr da. Ich habe gehört, das letzte Reh wurde von einem Auto überfahren. Ziemlich traurig, dafür haben wir alle unsere Rosen wieder. Aber ehrlich gesagt, wäre es mir lieber, wenn die Rehe abgewandert wären, anstatt von Autos überfahren zu werden.

• Scharf, schärfer, am schärfsten

01 August 2011

Ich habe dieses Jahr wieder ein paar Peperoni im Gewächshaus gepflanzt. Und die Schnecken haben es nicht geschafft sie abzufressen ;-)
Die ersten habe ich schon geerntet. Die sind scharf! Ein Teil werde ich auf jeden Fall trocknen und zum Würzen benutzen.
Die Paprikas sind auch schon ganz groß, aber momentan noch nicht richtig reif. Sie sollen rot werden, jetzt sind sie noch gelb. Ich hoffe, es wird nicht zu lange dauern.
Die anderen Gemüse sind auch super. Seit ein paar Wochen essen wir abwechselnd Buschbohnen mit Kartoffeln und gefüllte Zucchini. Dazu Salzgurken. Lecker!
Wir Kleingärtner haben es gut, oder? Wer hat schon so frisches Gemüse auf dem Tisch?

• Nichts, nur Regen...

28 August 2011

Seit Wochen regnet es bei uns fast jeden Tag. Mal Gewitter, mal Regenschauer... Die Wasserpflanzen, die fühlen sich wohl, vielleicht noch die Gurken. Ach ja, die Nacktschnecken und Erdkröten bestimmt auch. Die gibt es dieses Jahr massenhaft.

Über die vielen Erdkröten freue ich mich besonders. Sie sollen doch auch Nacktschnecken fressen. Also ihr, Nacktschnecken! Nächstes Jahr habe ich ganz viele Kröten in meinem Garten, ihr habt dann keine Chance mehr!
Wenn es im nächsten Sommer auch so viel regnet, dann sollte man vielleicht über den Anbau von Reis nachdenken. Man kann den Garten natürlich auch zu einer Wasserlandschaft umbauen, so mit Bachläufen und Wasserrutschen für die Frösche.
Aber wie es so ist, wenn man die Reisfelder bearbeiten will, dann kommt die große Trockenzeit. Also zum Ausgleich sollte ein Teil des Gartens als Wüstenlandschaft angelegt werden. Zum Beispiel eine Kakteenecke, die zusätzlich mit einem Regenschirm ausgestatten wird, für den Fall, dass es dann doch einen nassen Sommer geben wird.
☺

• Sommer im Herbst

03 Oktober 2011

Er ist eine sehr angenehme Überraschung, der Sommer im Herbst. Es ist so warm, wie es in ganzem Sommer nicht war.
Gestern habe ich sogar noch ein paar Gurken und Zucchini geerntet. Der Garten steht voll in Blüte. Ich finde die Herbstblumen sehr schön. Vor allem die vielen Sorten Staudenastern, von Weiß über Rosa bis ins dunkle Violett. Dann kommen die Lampionblumen. Ich habe auch eine winterharte Fuchsie, sie sieht im Herbstsommer besonders hübsch aus.
Überhaupt ist der Garten in dieser Jahreszeit sehr schön, wären da nicht die vielen Spinnennetze. Die hängen wirklich überall. Habt ihr gewusst, dass eine Spinne jeden Tag ein neues Netzt knüpft?
Leider soll es ab morgen wieder kühler werden und wir bekommen den Herbst.

• Herbstastern

11 Oktober 2011

Die Herbstastern sind meine Lieblings-Herbstblumen. Es gibt unzählige Sorten davon. Manche blühen schon im September, die anderen erst ab Oktober oder sogar November. Es gibt niedrige Sorten sowie hochwachsende, bis ca. 1.30 m hoch.

Farben von weiß über rosa und pink bis sehr dunkel Lila. Sie machen den Garten richtig bunt im Herbst.

Viele Insekten fliegen auch auf die Astern. Für viele ist es die letzte Gelegenheit sich vor dem Winter die Bäuche voll mit Nektar zu schlagen.

Die Stauden sind besonders pflegeleicht. Der Gärtner hat damit fast keine Arbeit. Nur im Frühling die ausgetrocknete Pflanzenreste abschneiden und dann, die hohen Sorten, im Sommer zusammenbinden.

Wenn die Stauden einen guten Platz haben, vor allem sonnig, werden sie vom Jahr zu Jahr schöner. Leider auch jedes Jahr breiter. Wenn man nicht aufpasst, kann es passieren, dass im Blumenbeet nur noch Herbstastern blühen. Mir ist es auch schon mal passiert. Trotzdem mag ich sie sehr.

Im Moment habe ich fünf Sorten. Die weiße ist eine ca. 1m hohe Aster, blüht ziemlich spät, erst im Oktober. Als ich sie gekauft habe, war sie auch weiß, aber nur ca. 20 cm hoch. Früher habe ich noch Astern gekauft, leider hat kaum eine den Winter überlebt. Die, die ich habe, stammen alle aus den Nachbarsgärten oder von Freunden. Die wachsen sowieso am besten.

- ## Mein Garten auf der Fensterbank

09 Januar 2012

Ich weiß nicht, ob ich es schon erzählt habe, ich habe ein paar Orchideen auf der Fensterbank. Seit wenigen Tagen, nach zweijähriger Pause, blüht die Cabria.

Ich habe noch zwei Phalaenopsis, eine Vanda und noch eine, deren Name ich nicht kenne. Habe ich auf Madeira gekauft.

Sie alle bekommen nur Regenwasser zum Gießen, und wirklich nur, wenn es anders nicht geht, abgekochtes Wasser. Sie werden auch nicht richtig gegossen sondern ins Wasser getaucht bis sie sich voll aufsaugen und dann abgetropft. Ansonsten nichts, nur im Sommer ein Tropfen Orchideendünger. Dafür blühen sie wunderschön! So ein Farbkleks macht schon Freude, besonders mitten im Winter.

- **Winter**

30 Januar 2012

Vor wenigen Tagen dachte ich noch, der Winter wäre schon vorbei. Aber nix da! Der Winter ist nun doch noch gekommen. Es ist richtig kalt geworden und etwas Schnee gibt es auch.

Ich hoffe, die Kälte wird den Nacktschnecken das Leben schwer machen. Da es in den letzten Wochen ziemlich warm war, immer zwischen 5 und 10 Grad, haben sich die Nacktschnecken auf der Oberfläche aufgehalten. Dann kam plötzlich die Kälte. Ich hoffe, die meisten haben es nicht geschafft sich zu verkriechen. Sonst haben wir wieder eine Nacktschneckenplage bei uns im Garten. Es gab Jahre, da gab es so viele Schnecken, dass keine Lupinen es geschafft haben zu blühen. Sie wurden komplett abgefressen.

So ein Winter, in dem es mal warm, mal wieder frostig ist, ist gut gegen Schädlinge wie die Nacktschnecken. Bei mildem Wetter kommen sie raus auf die Oberfläche und wenn sie durch plötzlichen Kälteeinbruch überrascht werden, schaffen viele es nicht mehr sich zu verstecken. Und wenn es wieder mal wärmer wird, kommen sie wieder raus. Mit jedem weiteren Kälteeinbruch sind es dann schon ein paar Nacktschnecken weniger. Wenn man überlegt, dass eine Nacktschnecke im Jahr ein paar Hundert Eier legt, und wenn nur 5% es schaffen eine Schnecke zu werden, wie viele Lupinenstauden fressen sie weg? Ich will gar nicht daran denken, ich hoffe, dass wir zwischen den kalten Tagen noch etwas warmes Wetter haben. Nachtschnecken ade!

- **Ab in den Garten!**

25 Februar 2012

Gestern war ich zum ersten Mal in diesem Jahr im Garten. Es war relativ warm, ca. 10 Grad, etwas windig und teilweise Nieselregen. Klingt nicht besonders toll, aber ok. Ich habe angefangen aufzuräumen und habe leider auch schon sehr viele kleine Nacktschnecken gesehen. Alle nur sehr klein, bis 1 cm, aber wie immer gefräßig. Man soll so früh wie möglich dagegen vorgehen. Sobald sie größer werden und Eier legen, haben wir keine Chance mehr. Die ersten Krokusse und Schneeglöckchen blühen schon. Stauden wie die Lupinen und Taglilien kommen auch schon raus. Die

Maulwürfe haben an manchen Stellen den Rasen leicht demoliert, das finde ich aber nicht weiter schlimm, bis zum Frühling wird nichts mehr zu sehen sein.
Ich habe auch den Komposthaufen umgeschichtet und versucht die Nachbarsbrombeeren, die zu meinem Garten reinwachsen, zu schneiden. Ein kleines Stück Beet habe ich auch schon sauber gemacht. Das war auf jeden Fall schon mal ein guter Anfang. Am Dienstag soll es wieder gutes Wetter geben, dann mache ich weiter.

- ## Titanenwurz in Kiel

18 März 2012

Hallo Leute, heute werde ich ausnahmsweise mal nicht über meinen Garten schreiben. Heute gibt es etwas wirklich extrem seltenes. Im Botanischen Garten in Kiel gibt es für kurze Zeit eine besondere Attraktion. Eine Titanenwurz, die größte Blüte der Welt, die gleichzeitig die meist stinkende Blüte der Erde ist. Es ist für die Zuschauer einer den unmöglichen Fälle, wo man trotz des Geruchs die Blüte bewundern will. Es liegt daran, dass die Blüte äußerst selten zu sehen ist. Seit Entdeckung im 19. Jahrhundert in Indonesien, hat sie weltweit nur etwa 140 mal geblüht, lt. Artikel in den Kieler Nachrichten vom 17.03.2012. Heute war ich dort, die Blüte ist noch geschlossen, wie auf den Fotos zu sehen. Es besteht eine Chance, dass sie sich in den nächsten zwei bis drei Tagen öffnet. Ich hoffe, ich werde es schaffen während der Blüte noch mal zum Botanischen Garten zu kommen. Ich werde dann weiter berichten.

- ## Es gibt viel zu tun!

09 Mai 2012

Ich habe schon lange nichts geschrieben. Ich hatte keine Zeit. Jetzt im Frühling gibt es wirklich viel Arbeit. Aber glücklicherweise habe ich so ziemlich alles geschafft, was ich wollte.
Die Kartoffeln sind drin, die ersten Bohnen habe ich auch schon gelegt. Radieschen esse ich schon seit mehreren Tagen. Sind die lecker! Scharf und knackig. Außerdem hat die erste Paprika schon eine kleine Frucht dran. Diesmal sollen es violette Paprika werden. Ich hoffe, sie schmecken auch gut. Die Salate sind in ca. 3 Wochen soweit.

Die Blumen sehen auch sehr gut aus, allerding habe ich festgestellt, dass ich deutlich weniger Tulpen im Garten habe. Sind es Mäuse. die sie fressen, oder vielleicht die Fasanen? Ich habe noch kein Tier beim Knabbern von Tulpenzwiebeln erwischt. Interessant ist, dass für uns Menschen eine Tulpenzwiebel giftig ist.
Auf dem Fenster in der Küche habe ich noch die Zinnien. Sie müssen noch etwas warten bis sie ausgepflanzt werden. Zusammen mit den Tagetes und Petunien.
Den Kampf gegen das Unkraut, konkret gegen Giersch, gebe ich auch nicht auf. Giersch soll lecker schmecken, habe ich gehört. Vielleicht sollte ich ihn zum Salat verarbeiten?
Ja, jetzt hat man im Garten sehr viel zu tun, aber als Belohnung kriegt man später schönes gesundes Gemüse und einen tollen Garten. Und hin und wieder einen besonders schönen Anblick, wie hier, die Apfelblüte.

• Spitzkohl

27 Mai 2012

Ich habe in diesem Jahr wieder mal Spitzkohl gepflanzt. Der schmeckt so lecker! Da es bei uns vom Kohlweißling nur so wimmelt, ist es notwendig die Pflanzen zu schützen. Ich pflanze meinen Kohl seit Jahren in einem kleinen Folientunnel. Nur anstatt der Folie wird ein Netz gespannt. Ich kann somit gut gießen, ohne jedes Mal das Netz abnehmen zu müssen. Und die Schmetterlinge kommen nicht ran.
Dass es im Beet nicht langweilig wird, und um den Platz optimal zu nutzen, habe ich zwischen den Kohlpflanzen Lauch ausgepflanzt. Nur ab und zu muss ich das Netz abnehmen, wenn ich Unkraut jäten will.
Die Kohlarten darf man nicht an derselben Stelle wie im Vorjahr pflanzen (letztes Jahr hatte ich Brokkoli). Zusätzlich wird das Beet jedes Jahr um ein Stück verschoben.
Die Kartoffeln habe ich in diesem Jahr zusammen mit Spinat gepflanzt. Bis die Kartoffelpflanzen richtig groß werden, wird der Spinat schon geerntet.
In einem kleinen Garten muss man den Platz halt gut nutzen.

• Wieder mal die Nacktschnecken

08 Juli 2012

Heute hatten wir ein Gewitter bei uns. Morgen soll es wieder regnen. Irgendwie habe ich das Gefühl, dass es jeden Tag regnet. Prinzipiell ist es gar nicht schlecht, es muss nicht extra gegossen werden, wenn nicht die Nacktschnecken wären... Sie fühlen sich bei dem Wetter pudel wohl.
Genaugenommen haben die Spanischen Nacktschnecken hier bei uns nichts zu suchen. Sie sind doch Südländer! Was wollen sie bei uns im Norden? Den mickrigen Salat oder die paar Studentenblumen, die sie sich mit ganz vielen anderen Schnecken teilen müssen? Wenn es einem Zauber geben würde, würde ich alle Nacktschnecken in die tropischen Wälder von Vietnam oder Thailand wegzaubern. Dort herrscht ein wirklich ideales Klima für die Viecher.
Ich habe mal gelesen, dass Madeira eine Menge verschiedene Schneckenarten beheimatet. Ich war zwei Mal dort und habe kaum eine Schnecke gesehen. Vielleicht soll ich die aus meinem Garten nach Madeira exportieren? Ich glaube aber kaum, dass sich die Gärtner dort darüber freuen würden, die Schnecken sicherlich schon...

• Reisanbau für Kleingärtner

17 Juli 2012

Ich denke, es ist die Zeit gekommen sich als Kleingärtner an die neuen klimatischen Bedingungen anzupassen. Mir ist dabei der Reisanbau in den Sinn gekommen. Bei unseren Niederschlagsmengen in den letzten Wochen würde es doch locker klappen. Da wäre aber noch eine wichtige Frage zu klären? Fressen Nachtschnecken auch Reispflanzen? Wenn ja, würde ich dann vielleicht lieber mit Papyrus anfangen.
Mir ist natürlich klar, dass die Temperaturen noch nicht optimal sind, durchschnittlich 17 Grad, sind für den Reis oder Papyrus noch zu wenig. Der Klimawandel wird es aber schon hinkriegen.
Bis sich die Durchschnittstemperatur auf das erforderliche Niveau erhöht hat, haben wir Zeit um die Terrassen für den Reisanbau zu bauen. Die Frage um die Nacktschnecken muss bis dahin auch geklärt werden.
Also liebe Kleingärtnerinnen und Kleingärtner, wir müssen auch umdenken. Wenn ich meine mickrigen, ca. 2 cm. Durchmesser kleinen Minikartoffeln sehe, oder die

durch Schnecken zerfressenen Salate zum Kompost werfe, fällt es mir nicht besonders schwer an Alternativen zu denken.
Nur was sind die Alternativen? Ein Dach über dem Garten und künstliches Licht? Oder ist der Reisanbau unsere Perspektive?
Manchmal ist es wirklich nicht leicht ein Optimist zu bleiben. Besonders dann, wenn alles was nicht durch die Schnecken gefressen wird, durch den täglichen Regen kaputt geht.

- **Magere Ernte**

24 Juli 2012

Die Ernte wird dieses Jahr nicht so besonders. Das Wetter hat uns einen Strich durch die Rechnung gemacht. In den letzten Wochen hat es überdurchschnittlich viel Wasser von oben gegeben und unterdurchschnittlich wenig Sonne. Dem entsprechend fällt unsere Ernte aus. :-(
Die ersten Kartoffeln waren so mickrig, dass sie sich nur als Rosmarinkartoffeln eignen oder eventuell noch als Papas Arrugadas con Mojo. Für die Gerichte nimmt man die kleinen Kartoffeln. Die zweite Ernte war etwas besser aber lange nicht so gut wie im Vorjahr.
Bei den Bohnen sieht es bei mir etwas besser aus. Aber die Nachbarn haben nur Verluste gemeldet. Alles von Schnecken abgefressen! Ich denke, ich bin die einzige bei uns, die Bohnen erntet.
Beim Obst sieht es auch nicht so rosig aus. Kirschen gab es keine. Die drei, die ich mal gesehen habe, sind von alleine abgefallen.
Von den 20 Äpfeln hängen vielleicht noch 5. Die Erdbeeren habe ich nur im grünen Zustand gesehen. Kaum haben sie die Farbe geändert, wurden sie von Vögeln oder anderen Dieben geholt. Selbst die Stachelbeeren habe ich kaum probiert. Andere waren schneller!
Es gibt aber Hoffnung. Meine Gurken! Ich habe heute die erste Ernte gehabt. Kleine, süße Gürkchen. Ich habe sie gleich ins Glas gepackt, gewürzt und mir Salzwasser übergossen. In zwei bis drei Tagen gibt es lecker Salzgurken.
Ein wenig Hoffnung habe ich auch in die Zucchinis gesetzt. Die ersten sind vergammelt, aber es gibt schon neue Blüten und wenige kleine Mini-Zucchinchen. Wenn es nicht wieder regnet, schaffen sie es vielleicht noch!

• Warum ist Kapuzinerkresse gut für den Garten?

17 August 2012

Ich bekomme hin und wieder Mails von Lesern der Kleingaertnerin.de. Oft sind es Fragen zu Gartenarbeiten, manchmal Fotos, eine Anregung oder eine neue Information.
Letztens kam die Frage, warum ich schreibe, dass Kapuzinerkresse gut gegen Blattläuse ist. Die Leserin schrieb, dass die Blütenstile ihrer Kapuzinerkresse komplett von den Läusen bedeckt sind. Wie kann das gut sein?
In dem Fall ist die Antwort ganz einfach. Wenn die Kapuzinerkresse z. B. neben einer Rose wächst, die bekanntlich von Blattläusen geradezu geliebt wird, werden die Läuse auf die Kapuzinerkresse übergehen. Wir entfernen die befallenen Triebe und fertig. Die Kapuzinerkresse bekommt in wenigen Tagen neue Knospen und die Rose ist gerettet. Die Kapuzinerkresse leistet gute Dienste als "Köder"! Außerdem ist sie schön und man kann sie auch essen. Die frischen Blüten kann man zum dekorieren von Salaten verwenden und die nicht ausgereiften Samenkapseln als "Falsche Kapern" zubereiten.

Falsche Kapern aus Kapuzinerkresse

- Unausgereifte Samenkapseln der Kapuzinerkresse
- Salz
- Essig

Frisch gepflückte Kapseln in ein Glas geben, schichtweise mit Salz bestreuen und mit einigen Tropfen Wasser beträufeln, damit das Salz feucht wird. Etwas schütteln, kalt stellen und solange stehen lassen, bis die nächsten unausgereiften grünen Samenkapseln zur Verfügung stehen. Die neuen Kapseln dazugeben, wieder mit Salz bestreuen und schütteln. Wenn das Glas voll ist, noch eine Woche stehen lassen. Anschließend in ein Sieb schütten und mit klarem Wasser abspülen. Die "falschen" Kapern in ein Glas geben und bis zum Rand mit Essig füllen. Das Glas verschließen und kühl lagern.

Inhaltsverzeichnis

Printed by Books on Demand GmbH, Norderstedt / Germany